HÔTELS
EXTRAORDINAIRES
VILLES

HERBERT YPMA

HÔTELS
EXTRAORDINAIRES
VILLES

HERBERT YPMA

HACHETTE

AMSTERDAM
Le Seven One Seven

8

ANVERS
De Witte Lelie

14

BANGKOK
Le Sukhothaï

20

BARCELONE
Hôtel Arts
Hôtel Claris

24

DUBLIN
Le Clarence

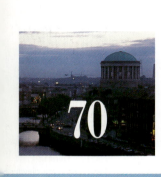

70

FLORENCE
L'Helvetia & Bristol

76

HONG KONG
Le Peninsula

82

LONDRES
Le Blakes
Le Hempel
Le Metropolitan
Hôtel Portobello

86

NEW YORK
SoHo Grand Hotel
Le Four Seasons Hotel
Le Mercer

160

PARIS
Hôtel Costes
L'Hôtel
Hôtel Lancaster
Hôtel Montalembert

178

PORTLAND
Le Governor Hotel

202

ROME
Albergo del Sole al Pantheon
Hôtel Eden
Hôtel Locarno

208

BÂLE Le Teufelhof 36	**BERLIN** Sorat Art'otel Le Bleibtreu Le Ritz-Carlton Schlosshotel 42	**COLOGNE** Hotel im Wasserturm 60	**DRESDE** Schloss Eckberg 64
LOS ANGELES Château Marmont Le Mondrian 108	**MELBOURNE** L'Aldelphi Le Prince of Wales 122	**MIAMI** Hôtel Astor Le Marlin Le Pelican Le Tides 132	**MILAN** Le Four Seasons 154
SAN FRANCISCO Hôtel Monaco Le Phoenix Hôtel Rex 224	**SYDNEY** Regents Court 240	**VIENNE** Le Triest 244	**ZURICH** Widder Hotel 250

introduction

À une époque où les allers-retours express sont monnaie courante, le choix d'un hôtel est primordial dans nos projets de voyage. De même que les distances s'amenuisent, le temps qui nous est alloué pour voyager raccourcit. En faire le plus possible en un minimum de temps lorsque l'on aborde une ville étrangère, telle est la gageure pour celui qui prend souvent l'avion.

Au temps des lents déplacements sur de gigantesques paquebots, des malles de voyage et des boîtes à chapeaux, lorsque la durée du voyage se mesurait en mois et non en heures, le choix d'un hôtel n'était pas d'une importance capitale. Si l'on ne tombait pas amoureux de l'endroit où l'on avait choisi de résider, on avait toujours le loisir d'en changer. Mais aujourd'hui, le temps passé sur place se comptant en jours, l'hôtel est devenu l'aventure même du voyage. Si nous sommes tous à la recherche de lieux qui ont du caractère, c'est parce que cette dose d'originalité nous permet de compenser l'uniformité des aéroports et des boutiques *duty-free*. Les lignes aériennes elles-mêmes sont touchées par cette monotonie qui détruit l'âme, si justement résumée par le slogan aujourd'hui largement périmé de la chaîne Holiday Inn : « La meilleure des surprises, c'est pas de surprise du tout. »

Bonne nouvelle ! Ces endroits de caractère existent. *Hôtels Extraordinaires Villes* leur est consacré. Ce guide fait un tour du monde des villes les plus intéressantes ou le plus souvent visitées et propose des hôtels « à forte personnalité » qui donnent la vedette à l'imagination, principale victime du progrès et du siècle. L'un de ces hôtels hors du commun peut transformer un déplacement professionnel ennuyeux en une expérience aussi agréable qu'enrichissante.

Si nous exigeons tous du sur mesure, nous avons aussi tous des goûts différents. C'est pourquoi, contrairement à la plupart des guides, nous avons privilégié le reportage photographique. Les mots employés pour qualifier un hôtel, en particulier les adjectifs tels que « beau » ou « charmant », revêtent des sens différents pour chacun d'entre nous. En fin de compte, ils ne signifient rien. Les images sont nettement moins ambiguës. Les photos de ce livre ont toutes été prises lors de mes séjours. Elles reflètent, pour chacun des hôtels, ce qui mérite d'être signalé. Ce qui me paraissait le plus extraordinaire a guidé mon choix, que ce soit l'aménagement d'une salle de bains, la décoration d'une chambre ou sa vue, la piscine, la gastronomie ou tout cela à la fois… Saisir la personnalité de chacun de ces établissements a été mon objectif primordial.

Plus d'excuse donc si, pour votre prochain voyage, vous manquez d'imagination !

Le Seven One Seven

Prenez la « guest house » britannique la plus aristocratique qui soit et transplantez-la au cœur d'une des villes les plus sensationnelles d'Europe et vous aurez le Seven One Seven dans une version continentale haut de gamme.

Le bâtiment ne paie pas de mine. Cette maison en bord de canal pourrait facilement être prise pour la résidence d'une vieille famille d'Amsterdam si ce n'était la plaque de cuivre apposée sur une façade vert foncé avec un double fronton de style Empire. Elle ne ressemble en rien à un hôtel, pas davantage à l'intérieur qu'à l'extérieur. La décoration rapproche de façon inattendue des objets anciens et d'autres plus modernes : masques africains et torses grecs, livres et cannes, verres de Murano et urnes en fonte, un bric à brac éclectique que l'on pourrait trouver dans une vieille maison de campagne anglaise.

Il y a une quinzaine d'années, Kees Van der Valk, designer et décorateur hollandais, avait séjourné à Braemar, en Écosse, dans un inoubliable « bed and breakfast », où le thé du soir vous était servi par le maître des lieux en grande tenue, devant un feu ronflant, dans un salon merveilleux de confort et d'élégance.

Depuis ce jour, il avait eu en tête le projet d'ouvrir une « guest house » qui réponde à cette image idéale. Il joua d'abord avec l'idée d'acheter un château dans la campagne française, puis l'abandonna, estimant que la France regorgeait de ces châteaux reconvertis alors qu'il existait assez peu d'endroits intéressants où séjourner à Amsterdam. Il se mit donc à rechercher activement la propriété qui lui convenait.

En juin 1996, Van der Valk trouva la perle rare, la maison dont tout agent immobilier vous assure qu'elle ne vient « normalement jamais sur le marché » : un grand bâtiment classé, idéalement situé sur le Prinsengracht, un des principaux canaux au cœur de la vieille ville. Après avoir négocié le rachat de cet imposant immeuble de 1810 à un groupe de promoteurs dont le projet était de le diviser en huit appartements, le véritable travail commença.

Cet « Empire-style building » (en souvenir du bref règne du frère de Napoléon Bonaparte comme roi des Pays-Bas) avait été largement abîmé par une déplorable reconversion en bureaux. Une équipe de cinquante personnes s'attela donc à la tâche, reconstruisant pierre à pierre pratiquement toute la maison. Si bien qu'en six mois elle avait retrouvé un style raffiné et sa splendeur passée. Les décorations en stuc pour les nouveaux plafonds ont été réalisées par une équipe anglaise (les Stevenson de Norwich) et les luxueuses couvertures en angora fabriquées spécialement, au pays de Galles, par Melin Tregwynt. Des meubles

Portrait à l'huile de Suzannah, le setter irlandais de la maison, par l'artiste hollandais Bob Van Blommenstein.

Objets africains judicieusement disposés dans tout l'hôtel par Tribal Art, un antiquaire voisin.

Donnant sur la cour arrière, la suite Tolkien peinte d'un profond rouge tomate brûlée.

Fait rare à Amsterdam, certaines chambres ont la taille de lofts ; la suite Picasso mesure 60 m².

Ce nouvel hôtel se trouve dans une maison Empire à façade symétrique, dans la prestigieuse Prinsengracht.

Petit déjeuner dans un panier d'osier plein de bonnes surprises : pour ceux qui le prennent dans leur chambre.

Dans le vestibule, un cabinet d'estampes comme au XVIIIe siècle, avec des gravures collées directement sur le mur.

Sur la cheminée du salon : antiquités romaines, art africain et tableaux peints à l'huile par le propriétaire.

La suite Shakespeare, une belle chambre de 50 m², décline une élégante gamme de gris.

Les cinq fenêtres de la suite Picasso, au dernier étage, très haute de plafond, donnent sur le canal.

Les tissus des rideaux et des tapisseries servent habituellement pour les complets d'hommes.

La suite Schubert, meublée d'antiquités, dispose de volets et de poutres d'origine (et d'une vue sur le canal).

Avec ses meubles anglais en chêne et ses photographies africaines, la suite Mahler est la plus demandée.

Le thé de l'après-midi, compris dans le prix de la chambre, est servi dans une bibliothèque lumineuse.

La salle à manger privée Stravinsky donne sur la cour. Il faut la réserver à l'avance.

Rareté à Amsterdam dans une maison le long du canal, la cour, tranquille et isolée, est la bienvenue.

Le numéro de la maison sert de nom à l'hôtel, situé sur Prinsengracht – le canal du Prince.

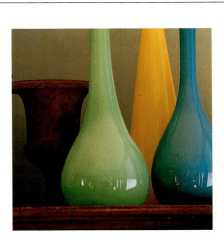

La décoration est un mélange éclectique très personnel où se côtoient verre de Murano et vases Médicis en fonte.

Le Seven One Seven

anciens ont été achetés, à travers toute l'Europe, dans des ventes aux enchères ou des marchés aux puces : les lits de cuivre viennent de chez Deptich Design, à Londres ; les encadrements de cheminées, entre autres antiquités, ont été fournis par des brocanteurs d'Anvers et de Bruxelles, spécialisés dans les matériaux de récupération. Puis il a été passé commande auprès des artisans locaux de tout ce qui s'était révélé introuvable. Et malgré de très courts délais, personne n'a jamais cédé au compromis.

Pour Kees Van der Valk, c'était son imagination créatrice qui prenait forme. Diplômé de la Rietveld Academy, l'une des écoles des beaux-arts les plus réputées de Hollande, Van der Valk s'était lancé avec enthousiasme, au début de sa carrière, dans la mode masculine.

C'était à la fin des années soixante, l'époque de Pierre Cardin et d'Yves Saint Laurent, où tout était possible. Trente ans plus tard, il n'est peut-être pas surprenant que son goût se soit profondément enraciné dans la tradition classique du sur mesure anglais : les tissus que nous associons normalement à Savile Row – fines rayures, tweeds, tissus de chasse à carreaux et pieds-de-poule de chez Hunt & Winterbotham, dans le Yorkshire – ont fini par tapisser fenêtres, fauteuils, divans et coussins du Seven One Seven. La garde-robe d'un gentleman distingué est venue habiller un intérieur raffiné. Les rideaux des fenêtres sont doublés en tissu d'imperméable, les rideaux intérieurs, coupés dans du sergé belge (réservé d'habitude aux uniformes militaires), et Suzannah lui-même, le setter irlandais, dort dans un panier tapissé de tweed Harris.

Offrant un cadre d'une élégance sans faille, le Seven One Seven dispose également d'une situation imbattable. De l'hôtel, on peut se rendre à pied au Rijksmuseum et au musée Van Gogh, ou rejoindre la principale rue des antiquaires, Spiegelstraat. Proche également des meilleurs bars, restaurants et boutiques qui ont fait la réputation de la ville, le Seven One Seven est le lieu rêvé pour s'initier à toutes les facettes de l'art de vivre d'Amsterdam.

Adresse : Seven One Seven, Prinsengracht 717, 1017 JW Amsterdam, Hollande
Téléphone : (31) 20 4270 717 - **Fax** : (31) 20 4230 717
Chambres : à partir de 550 NLG ou 250 € (suites à partir de 690 NLG ou 313 €)

De Witte Lelie

Situé au cœur d'Anvers, sur la célèbre Keizerstraat, une des plus vieilles rues de la ville, cet hôtel a un fameux pedigree. Datant de l'âge d'or flamand, trois des hôtels particuliers de cette rue ont eu un jour un lien avec Peter Paul Rubens. L'un a appartenu à Balthazar le Grand, son riche beau-frère ; un autre, au maire d'Anvers, un ami très proche ; et le troisième, à l'un de ses amis et collègues, Franz Snyders, célèbre peintre animalier.

Cet héritage de l'âge d'or d'Anvers provoqua en Monica Bock une irrésistible attirance quand, en 1993, l'occasion lui fut offerte d'acheter trois hôtels particuliers contigus datant du XVIIe siècle. Inspirée par ce passé lourd d'histoire et tout au projet de créer un hôtel intime, elle prit à ses côtés, sa sœur, décoratrice d'intérieur et l'architecte Bernard Coens. Ensemble, ils relevèrent le défi d'allier un héritage prestigieux à une modernité qu'ils considéraient comme essentielle au bien-être et au confort. Ce très sélect « refuge » du centre-ville devait être non seulement beau mais offrir toutes les commodités pratiques: de grandes salles de bains, un chauffage efficace, le dernier cri en équipement électronique, câble, télévision et stéréo – bref, tout ce qu'exige notre mode de vie actuel. D'où un arbitrage difficile entre ce qu'il était nécessaire de supprimer ou de conserver. Résistant à la tentation de diviser les lieux en un dédale de petites chambres, Bock opta pour la solution contraire : faire de grandes pièces, peu nombreuses. L'hôtel ne compte que dix suites, chacune différente dans sa configuration, mais toutes inondées de lumière naturelle et jouissant d'un espace luxueux. Elles ont ainsi gardé leur caractère original le plus émouvant : de longues pièces rectangulaires aux élégantes proportions, hautes de plafond, typiques de l'âge d'or.

On retrouve au De Witte Lelie l'atmosphère des intérieurs peints par les artistes de l'époque. Y séjourner vous donne l'impression de vous promener dans un tableau de Vermeer. De petits fauteuils recouverts d'une simple toile cohabitent en toute quiétude avec de gigantesques lustres baroques. Rien ici ne paraît déplacé, et rien ne semble avoir été sacrifié à la mode. C'est de cette combinaison raffinée et intemporelle de styles, d'ancien et de moderne, qu'émane l'atmosphère si romantique du De Witte Lelie. Cependant, cette propension au romantisme des Belges flamands est contrebalancée par un goût très prononcé pour la modernité.

Comme vous le diront tous ceux qui travaillent dans les métiers de la mode, de la décoration d'intérieur ou de l'architecture, les Belges peuvent être très avant-gardistes.

Un escalier théâtral, un sol de marbre noir et blanc et de hauts plafonds, toute l'élégance du style classique.

Meubles modernes italiens houssés forment un heureux contraste avec les poutres et les cheminées d'époque.

Le petit déjeuner est servi dans ce qui était autrefois les écuries, une belle salle donnant sur la cour.

On prépare le petit déjeuner dans la pièce voisine, une cuisine romantique toute blanche, à l'ancienne.

Le De Witte Lelie ne comprend que des suites, élégantes, spacieuses, claires et confortables

Le dallage noir et blanc du hall rappelle celui que les maîtres flamands ont repris dans leurs tableaux.

De Witte Lelie

Pour s'en convaincre, il suffit de regarder certains des restaurants ou des magasins anversois. Si beaucoup de nos voisins allemands et hollandais viennent y passer le week-end, ce n'est pas seulement pour la bonne chair, c'est aussi parce qu'on trouve ici quelques-unes des boutiques les plus originales d'Europe. En matière de boutiques et de restaurants, le personnel du De Witte Lelie sera à même de vous recommander les meilleurs endroits ou les plus en vogue de la ville.

Connaissant le penchant des Belges pour la bonne cuisine, je me suis tout d'abord étonné que le De Witte Lelie n'ait pas son propre restaurant. Mais en fait, situé au cœur même de la vieille ville, il serait dommage pour les clients de l'hôtel de ne pas aller goûter dehors quelques-unes des meilleures spécialités locales. Quoi qu'il en soit, le De Witte Lelie a bel et bien une cuisine où l'on prépare le petit déjeuner (inclus dans le prix de la chambre).

Et quel petit déjeuner ! Servi dans ce qui fut autrefois les écuries, un lieu vraiment charmant, inondé de lumière, et s'ouvrant sur une cour, il est merveilleusement orchestré par la propriétaire, Monica Bock. Elle apprécie tout particulièrement ce moment de la journée, et cela se voit. Très rapidement, vous n'avez plus l'impression de séjourner dans un hôtel mais d'être cordialement invité à une délicieuse réception.

Pour accéder à la salle du petit déjeuner, il faut traverser la cuisine, toute blanche et magnifique (elle aussi tout droit sortie d'un tableau de Vermeer), où l'arôme du café que l'on vient de préparer et des croissants que l'on sort du four n'est qu'un avant-goût de ce qui vous attend à table.

Toutes sortes de pains, de pâtisseries, de fromages, de jambon, de saucisses, de confitures maison ornent une nappe d'une blancheur immaculée ; et si vous désirez des œufs, on vous les fera cuire exactement selon votre goût, dans une poêle en fonte directement apportée à table. Si bien que même le petit déjeuner suffit à évoquer l'atmosphère des natures mortes des maîtres flamands.

Adresse : De Witte Lelie, Keizerstraat 16-18, 2000 Anvers, Belgique
Téléphone : (32) 3 226 19 66 - **Fax** : (32) 3 234 00 19
Chambres : à partir de 6 500 FB ou 161 € (suites à partir de 9 000 FB ou 223 €)

Le Sukhothaï

Sukhothaï, ou « l'Aube du Bonheur », passe pour avoir été le premier vrai royaume thaï. Fondé en 1238 dans ce qui est maintenant le centre nord de la Thaïlande, il symbolise l'âge d'or pour l'art et la civilisation du pays, une période de créativité et d'originalité qui a exercé une énorme influence. Le royaume exista en tant que tel jusqu'en 1376, date à laquelle il devint un État vassal de la cité d'Ayuthia. Mais c'est pendant cette période, aussi brève fut-elle, que s'est forgée l'identité thaïlandaise, que son écriture a été inventée et qu'ont été codifiées les formes du bouddhisme theravada pratiqué en Thaïlande.

En choisissant le nom de Sukhothaï, en souvenir des hauts faits de cette période culturelle florissante, cet hôtel affiche une grande ambition. En l'honneur de ce formidable héritage, tout a donc été conçu pour faire renaître l'harmonie et la beauté de cette époque lointaine mais en tenant compte des exigences de notre temps. Pour réaliser cet exploit, l'hôtel a fait appel au talent d'Edward Tuttle, le décorateur d'Amanpuri, le célèbre et idyllique refuge de Phuket.

Tuttle s'est inspiré de la tradition des fabuleuses cités historiques du Siam (nom qu'a porté la Thaïlande jusqu'en 1939). On raconte qu'Ayuthia, au faîte de sa gloire, était une des villes les plus riches et munificentes d'Asie, un port de mer prospère envié non seulement par les Birmans mais aussi par les Européens. Les Portugais furent les premiers à arriver, en 1512, suivis des Hollandais, des Espagnols, des Anglais et des Français. Tous furent très impressionnés par la ville. C'est dans cet héritage culturel que l'hôtel Sukhothaï a puisé ses idées de décoration. Bâti au milieu de trois hectares de jardins paysagers et de pièces d'eau miroitantes colorées de nénuphars, l'hôtel offre au regard sculptures, textures, couleurs et matériaux évoquant par leur abondance les somptueux palais royaux des anciennes capitales du Siam. Pieds de lampes en cuivre fabriqués tout spécialement, encadrements de terre cuite insérés dans les murs, sol des salles de bains en teck massif, tapisseries en soie thaïe et, dans le bassin de la cour, les répliques de stupas du Sukhothaï du XIIIe siècle. Tuttle a su extraire la quintessence de la beauté et retenir les principales caractéristiques de la culture thaïe pour les réintroduire à une échelle plus réduite mais avec élégance et d'une manière incontestablement contemporaine.

La sobriété du teck, du granit et de la soie, matériaux de prédilection de Tuttle, a amené certains journalistes à qualifier la décoration du Sukhothaï de « minimalisme asiatique ». Bien

Le Sukhothaï

que cette appréciation ne soit pas inexacte, elle ne rend pas justice au projet du décorateur. Le Sukhothaï est beaucoup plus qu'un exercice de style : c'est une tentative réussie pour montrer le meilleur de la culture thaïe, en dehors d'un musée, dans un cadre où elle a toutes les chances d'impressionner vivement. Le touriste en visite à Bangkok pénètre ainsi dans une culture extraordinairement ancienne et raffinée, antérieure de deux mille ans à l'âge du bronze de la Méditerranée. En fait, si l'on en croit le savant de renommée mondiale, Paul Bénédict, la partie du Sud-Est asiatique que nous connaissons aujourd'hui sous le nom de Thaïlande a été le « point focal » dans l'émergence du développement culturel de l'homme primitif.

Dans une ville devenue depuis peu une véritable métrople, où la circulation est l'une des pires au monde, au mépris de la mode internationale des tours de plus en plus hautes à laquelle Bangkok se conforme, le Sukhothaï apparaît, dans un saisissant contraste, comme une enclave avec ses maisons de cinq à neuf étages, toutes coiffées de simples toits en pente. Situé au cœur de Bangkok, à un jet de pierre du délicieux parc Lumphini et au centre du luxueux et verdoyant secteur bancaire et diplomatique, l'hôtel est un havre bienvenu après la frénétique activité d'une des plus grandes villes d'Asie. Avec quatre restaurants différents (y compris le Celadon, l'un des restaurants thaïs les plus authentiques de Bangkok, situé dans un pavillon traditionnel, entouré d'eau), trois hectares de jardins fleuris et de bassins de nénuphars, une piscine de vingt-cinq mètres à bassin débordant, une galerie marchande, un salon de beauté et même une clinique, le voyageur fatigué trouve sur place tout ce dont il a besoin. Rien d'étonnant à ce que, trois années de suite, le Sukhothaï ait été élu, par le *Business Traveller Magazine*, meilleur hôtel de Bangkok.

À une époque qui ne laisse pas toujours le loisir de s'imprégner de couleur locale, le Sukhothaï offre au visiteur, par sa très belle décoration, le meilleur de plus de sept cent cinquante ans d'art et d'architecture thaïs.

Adresse : Le Sukhothaï, 13/3 South Sathorn road, Bangkok 10120, Thaïlande
Téléphone : (66) 2 287 02 22 - **Fax** : (66) 2 287 49 80
Chambres : à partir de 220 US$ (suites à partir de 320 US$)

Hôtel Arts

Dans les années qui précédèrent les jeux Olympiques de 1992, toute la ville de Barcelone prit l'allure d'un vaste chantier de construction. Ce qui n'existait pas (un stade ou un aéroport, par exemple), fut construit, et ce qui avait l'air décati (comme une grande part de l'héritage architectural de Gaudí), fut rénové. Libéré de la poigne de fer du régime autoritaire de Franco, le pays a ressenti un désir frénétique de combler le retard accumulé pendant ces années d'isolement. D'énormes investissements ont été faits dans la technologie, en particulier dans le design. La ville a été l'objet d'un gigantesque lifting dont les architectes et décorateurs responsables sont devenus les nouvelles vedettes. On avait l'habitude de voir en Barcelone une ville d'affaires, un peu comme Milan, et personne n'aurait songé à s'y rendre pour le plaisir. Mais les temps ont définitivement changé. Il s'y passe désormais quantités d'événements qui donnent envie d'être découverts. Les jeux Olympiques ont été l'étincelle qui a enflammé sa complète renaissance. On parle maintenant de la *nuevo Barcelona*, et l'hôtel Arts pourrait bien être son plus puissant symbole.

Peu de références au passé dans l'architecture de cet imposant monolithe conçu par les architectes américains Skidmore, Owings & Merrill. Dominant tous les immeubles de Barcelone, il se distingue par un squelette de métal blanc, brillant dans le soleil, gigantesque échafaudage qui enveloppe toute la tour. Du point de vue technique, il est censé protéger l'immeuble des tremblements de terre et des vents violents ; visuellement, il a l'allure d'un phare qui attire le public vers la plage nouvellement née. Récupérée sur des terrains marécageux, la zone qui entoure l'hôtel Arts, y compris la nouvelle marina, commence à se transformer en aire de loisirs de bord de mer. Cette nouvelle facette de la ville s'ajoute aux multiples attraits de Barcelone.

Habituellement, on disait de Barcelone qu'elle vivait le dos tourné à la mer, ce qui était vrai aux temps pré-olympiques et pour une bonne raison : la côte n'était faite que d'une succession de quais désertés, encombrés de constructions portuaires abandonnées, à moitié en ruine et de chantiers crasseux voués à l'industrie lourde. Aujourd'hui, la vieille digue joue un rôle beaucoup plus glorieux : elle divise quatre kilomètres de sable ratissé en deux promenades publiques truffées de cafés et grouillantes de monde. Cette situation en bord de mer constitue sans doute l'un des attraits majeurs de l'hôtel Arts. Loin de la circulation, du bruit et de la foule du centre-ville, jouxtant la marina, en bord de plage et à seulement dix minutes en voiture du cœur de la métropole, l'hôtel permet d'échapper à la ville sans pourtant la quitter. Là où ne se trouvaient, il y

Avec les créations de Pete San, le designer barcelonais, le hall reflète la modernité de l'hôtel.

Dans cette suite en duplex, blanche et lumineuse, le lit inscrit les notes sombres d'un bleu marine.

À Barcelone, il paraît impossible de construire sans référence à Gaudí, et l'hôtel Arts n'y fait pas exception.

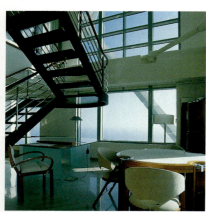

Les spectaculaires duplex d'angle étaient destinés à être vendus, mais ils font maintenant partie de l'hôtel.

Le jardin d'hiver, haut de plafond et lumineux, est l'endroit idéal pour prendre un café, le matin.

Dans Barcelone, le squelette d'acier extérieur de l'hôtel Arts, peint en blanc, sert de point de repère.

Revêtement de coton blanc et bois chaleureux couleur miel caractérisent le fauteuil « Casa Blanca » de Tresserra.

Conçu par Skidmore, Owings & Merrill, le quadrillage de la tour amorti les vents et les secousses telluriques.

Les lumineux appartements en duplex face à la mer ont été conçus et meublés par Jaume Tresserra.

Depuis le lit, les grandes baies offrent une vue ininterrompue sur la mer.

L'ameublement donquichotesque du bar à tapas doit tout à Oscar Tusquets, célèbre architecte de Barcelone.

Architecture high-tech et plans d'eau intérieurs donnent un accent à la fois moderne et hispanique.

Les duplex du dernier étage possèdent sans doute l'architecture la plus spectaculaire de tous les hôtels.

Meubles en cuir bleu marine de Jaume Tresserra, lin blanc et parquet sombre de la chambre à coucher d'un duplex.

Devant l'hôtel, en front de mer, un poisson, sculpture monumentale de l'architecte américain Frank Gehry.

Les tapas, que les Espagnols grignotent avec l'apéritif, composent une parfaite initiation à la cuisine du pays.

De la baignoire, les salles de bains ouvertes, tout en marbre, offrent des vues spectaculaires sur la ville ou la mer.

Donnant sur un plan d'eau intérieur, le centre de fitness occupe deux étages.

Hôtel Arts

a dix ans, que des marécages, les gens jouent maintenant au volley-ball, s'installent aux terrasses des cafés en bord de mer, se promènent dans l'énorme complexe de la marina en admirant les yachts, parfois quelque peu tape-à-l'œil, ou bien s'adonnent aux joies de la plage ce que, du temps de Franco, on ne pouvait faire qu'en quittant la ville, soit en allant vers la Costa Brava, au nord, soit vers la Costal del Sol, au sud.

À cette situation privilégiée s'ajoutent les avantages de la taille et de la capacité de l'hôtel. S'élevant majestueusement à cent cinquante-trois mètres au-dessus de la mer, il offre quatre cent cinquante-cinq chambres et des services à la hauteur de l'établissement. Pour cette première installation européenne, le groupe Ritz Carlton n'a lésiné sur rien. Une grande et magnifique piscine, avec son propre pont surplombant la mer, deux étages aménagés en gymnases, plus proches par leur dimension de ceux que l'on trouve à Manhattan qu'en Europe et, pour la plupart des chambres, une vue spectaculaire sur la marina et la ville. Cependant, la modernité ambiante n'efface pas la présence historique de Barcelone. Dans tout l'hôtel, des meubles, créés par les designers les plus doués d'Espagne, voisinent avec une importante collection d'art contemporain espagnol (d'où le nom de l'hôtel) où se rencontrent des artistes tels que Miguel Rasero, Xavier Grau et Mateo Vilagrasa. Dans le Goyescas par exemple, le bar à tapas, on trouve les meubles d'Oscar Tusquets, architecte qui fut un temps le collaborateur et protégé de Salvador Dali. L'atmosphère qu'ils créent évoque à merveille l'âme de Barcelone. En investissant dans l'art, l'architecture et le design, le Ritz-Carlton a donné à l'hôtel un style et une ambiance bien caractéristiques. Rien d'étonnant à ce qu'en 1997, le magazine *Tatler* l'ait élu hôtel de l'année.

Parce qu'elle est toujours un important centre industriel, on a encore trop tendance à comparer Barcelone à Milan ; mais cette toute nouvelle joie de vivre la rapproche plutôt de Naples. C'est peut-être pourquoi, malgré une grande capacité, l'hôtel Arts est presque toujours complet. À moins que ce ne soit l'attrait du bord de mer.

Adresse : Hôtel Arts, Carrer de la Marina 19-21, 08005 Barcelone, Espagne
Téléphone : (34) 93 221 10 00 - **Fax** : (34) 93 221 10 70
Chambres : à partir de 45 000 Ptas ou 270 € (suites à partir de 60 000 Ptas ou 361 €)

Hôtel Claris

Si certains hôtels ont le privilège de posséder assez d'œuvres d'art pour mériter d'être comparés à des musées, il est exceptionnel qu'hôtel et musée se fondent pour ne faire qu'un. L'hôtel Claris est cette exception. Qualifié par *Vogue* d'« hôtel le plus chic de Barcelone », il est certainement le seul établissement au monde à posséder son musée d'égyptologie et à avoir décoré son hall d'authentiques bustes de marbre romains et de pavements en mosaïque de deux mille ans.

Partout ailleurs, de telles antiquités seraient tenues sous clé, rangées à la place d'honneur dans une forteresse-musée, et non pas simplement exposées dans un hall d'hôtel. Ici, les clients vivent au milieu de masques égyptiens de quatre mille ans et de reliques romaines de deux mille ans d'âge.

Ces pièces de collection ne sont d'ailleurs pas cantonnées dans le hall. Toutes les chambres possèdent de précieux objets : croquis de fouilles archéologiques égyptiennes du XIXe siècle ; sculptures hindoues en pierre des XIIIe et XIVe siècles ; antiquités anglaises d'époque victorienne et au sol, d'anciens kilims turcs. Salles de bains en marbre, couvre-lits pourpres et superbes pièces de design espagnol complètent cette conception originale, qui n'a certainement pas grand-chose à voir avec celle de votre chambre d'hôtel habituelle.

Mais la véritable pièce maîtresse de l'hôtel Claris est le musée d'égyptologie situé sur la mezzanine. Une des plus belles collections privées de momies, statues, sarcophages décorés et sculptés y est exposée, pour le seul plaisir des clients de l'hôtel, ceci sans qu'aucun gardien musclé soit là pour vous surveiller. Il n'y règne pas cette atmosphère étouffante qui donne envie de fuir certains musées. En fait, les clients sont invités l'après-midi à prendre le thé dans ce cadre si exotique. Parmi tous ces objets, créés à l'apogée de la civilisation égyptienne, il est facile pendant un court instant, de glisser dans des rêves dignes d'Indiana Jones.

Cette inestimable collection d'antiquités n'est en rien une astuce de marketing. Il s'agit plutôt d'une passion. Le senor Jordi Clos i Llombart est, en effet, l'un des membres éminents d'une des plus vieilles familles de Barcelone et l'un des plus remarquables égyptologues espagnols.

Le musée de l'hôtel ne contient qu'une partie de sa collection privée sans cesse enrichie. Alors qu'autrefois, la maison de famille parvenait à la contenir, aujourd'hui, le musée, le hall et les cent vingt chambres de l'hôtel n'y suffisent plus.

Une partie de la collection se trouvent donc au musée d'Égyptologie de Barcelone, également fondé et conçu par le senor Clos.

Hôtel Claris

Riche d'une telle collection, tout autre hôtel aurait probablement choisi un style imposant et traditionnel. Mais le senor Clos ne déteste pas les défis. En s'adressant aux architectes du village olympique, Martorell, Bohigas & Mackay, il a opté pour une architecture aussi étonnante que les bustes romains, les sculptures de pierre hindoues, les kilims et les antiquités victoriennes. À vrai dire, tous ces objets qui n'ont rien de commun se trouvent pourtant au mieux dans un environnement dont le style permet – encourage même – le rapprochement.

Cette démarche est fidèle à la tradition architecturale très particulière à Barcelone. Dans cette ville, ce qui est « moderne » ne ressemble pas à ce que nous connaissons. Rien de minimaliste ou de dépouillé. Couleurs riches, motifs complexes de pierre et de marbre, meubles en bois exotique aux formes arrondies – voilà les éléments de la modernité de Barcelone, et par conséquent de l'hôtel Claris. Le senor Clos est sans doute celui qui en donne la plus juste définition :
« un acte de romantisme… une petite parenthèse de pierre au milieu de tant de béton ».

Comme la plupart des grands musées et des meilleurs hôtels, le Claris est merveilleusement bien situé. En y séjournant, vous êtes au cœur même de la ville. L'hôtel n'est qu'à une rue de l'artère la plus élégante de Barcelone, le fameux paseo de Gracia, dont les pavés furent dessinés par Gaudí.

Large, bordée d'arbres et de boutiques de luxe, elle conduit directement aux Ramblas, qualifiés par *Vogue* de « rue qui permet le maximum de dépenses avec le minimum d'effort ». Sans grande préparation ni plan de la ville, il est très facile, depuis l'hôtel Claris, de découvrir la vraie Barcelone. Mais, surtout, quelles que soient les circonstances, tâchez de soigner votre tenue : Barcelone est une ville très élégante. Où donc, ailleurs dans le monde, peut-on voir des gens en scooter portant casque et chaussures en daim, voire une veste de chasse matelassée sur un impeccable complet de tweed gris fait sur mesure ?

Adresse : Hôtel Claris, Pau Claris 150, 08009 Barcelone, Espagne
Téléphone : (34) 93 487 62 62 - **Fax** : (34) 93 215 79 70
Chambres : à partir de 22 000 Ptas ou 132 € (suites à partir de 40 000 Ptas ou 240 €)

Le Teufelhof

Situé au beau milieu des cheminées et des usines d'une ville suisse vouée à l'industrie pharmaceutique, le Teufelhof est un hôtel dédié à l'art. Littéralement, « Teufelhof » signifie « la maison du diable », et en l'occurrence, on peut dire que le diable occupe une bien belle maison, dotée d'un bon restaurant, d'un bar, d'un café, d'une brasserie (la Weinstube), d'un musée archéologique (installé au sous-sol), et même d'une cave à vins. Les chambres sont réparties en deux hôtels contigus, l'hôtel de l'Art et l'hôtel Galerie (vous découvrirez plus loin ce qui les dinstingue). Un fort joli complexe, ma foi, même pour un diable.

L'histoire de sa création vaut d'être racontée. Les propriétaires, Monica et Dominique Thommy-Kneschaurek, tous les deux acteurs chevronnés, tournaient en Europe depuis sept ans avec un théâtre itinérant. Las des voyages et désireux de se fixer quelque part, ils revinrent à Bâle, lieu de naissance de Dominique, avec l'idée de combiner théâtre et restauration. Le café-théâtre qu'ils montèrent connut un grand succès et fit rapidement partie du paysage culturel bâlois. Le succès fut tel qu'ils furent bientôt contraints de s'agrandir.

C'est ainsi qu'ils découvrirent, sur Leonhardsgraben, une jolie rue de la vieille ville, une maison abandonnée, totalement en ruine. Mais leur projet de rénovation de ce vieux bâtiment ne rencontra pas, aux alentours, la sympathie des résidents. Bâle, disaient-ils, n'a pas besoin d'un restaurant, d'un bar, d'un théâtre ou d'un petit hôtel de plus. Ce qui eut pour résultat... six années de guerre passées à échanger des lettres dans l'espoir de remporter l'autorisation demandée. En fin de compte, ils vinrent à bout de la résistance des résidents et, en souvenir de cette lutte, tapissèrent tout un mur du théâtre avec une petite partie de leur infernale correspondance !

À l'origine, le concept de l'hôtel leur a été proposé par des amis artistes. Les Thommy voulaient créer un environnement qui permettrait une approche nouvelle de l'art, plus directe que dans une galerie ou un atelier. Les pièces ont donc été meublées de manière simple et moderne afin de fournir aux artistes une « toile vierge ». Ceux-ci étaient invités à utiliser l'espace pour créer des installations.

L'art n'était plus simplement décoratif, mais devenait interactif. Par exemple, ces installations lumineuses sensibles aux sons qui répondent à différentes lumières colorées par divers sons, ou bien encore ces lignes peintes, phosphorescentes qui paraissent flotter dans l'obscurité. L'occupant de la chambre vit avec l'œuvre et devient une composante de l'installation elle-même qu'il modifie par sa

Les salles de bains sont blanches et lumineuses, d'une neutralité adaptée à l'esprit artistique de l'hôtel.

Dans le restaurant Bel Étage – une étoile au *Michelin* –, cette bibliothèque prise dans le ciment est une installation.

L'hôtel Galerie arbore des sols en wengé et des meubles signés Achille Castiglioni.

Le Teufelhof possède deux théâtres. Cette gravure illustre en noir et blanc les pièces qui y ont été jouées.

Les chambres sont grandes, blanches et vides, toiles vierges destinées à recevoir des œuvres d'art.

Cette projection sur le mur, qu'accompagne un bruit de verre cassé, est l'œuvre de la Viennoise Kordina

Le Teufelhof

seule présence en prise sur l'évolution. Pour rester ouvert et donner à autant d'artistes que possible une occasion de s'exprimer, les chambres du Teufelhof changent de décor au moins une fois tous les trois ans.

Cette formule qui allie art, théâtre et gastronomie, a connu un succès sans précédent. Le restaurant, Bel Étage, sous la direction du chef Michael Baader, s'est vu récompensé d'une étoile au *Michelin* ; le théâtre joue à guichets fermés ; et les chambres à installation sont réservées très longtemps à l'avance. Ainsi, quand la maison voisine fut mise en vente, Monica et Dominique n'ont-ils pas hésité à s'agrandir. L'hôtel Galerie est ainsi né. Dans les vingt-quatre chambres sont exposées pendant un an vingt-quatre toiles d'un même artiste. Dans cet hôtel, toutes les œuvres sont à vendre, exactement comme dans une galerie. Ainsi que l'explique Dominique : « Si l'on veut créer un véritable échange entre l'œuvre et celui qui la regarde, il est nécessaire de créer un environnement moins prétentieux et plus convivial que dans une galerie. »

Comme dans l'hôtel de l'Art, la décoration des chambres a été conçue dans un esprit de neutralité et de simplicité, mais le style y est plus recherché. Le sol de toutes les pièces est en bois wengé foncé et ciré, tandis que les salles de bains sont carrelées de mosaïques typiquement italiennes. Dans la moitié des chambres, on trouve des meubles du célèbre designer suisse Kurt Thut ; dans l'autre moitié, des classiques modernes des légendaires designers italiens, Vico Magistretti et Achille Castiglioni. Pour les fans du moderne classique italien, l'hôtel Galerie est un paradis.

J'avoue que j'étais très curieux, étant donné le caractère avant-gardiste du Teufelhof et ses dimensions non négligeables, de savoir qui, à part moi, pouvait bien y séjourner. La réponse est surprenante. Apparemment, de nombreux cadres supérieurs (en voyage à Bâle, capitale industrielle du médicament) le préfèrent à un ennuyeux hôtel pour hommes d'affaires. Et pourquoi pas ? Porter un complet veston ne prouve pas nécessairement que l'on manque d'imagination.

Adresse : Le Teufelhof, Leonhardsgraben 47-49, 4051 Bâle, Suisse
Téléphone : (41) 61 261 10 10 - **Fax** : (41) 61 261 10 04
Chambres : à partir de 155 FS (suites à partir de 385 FS)

Sorat Art'otel

Berlin ne ressemble à aucune autre ville d'Allemagne. Pendant presque trente ans, Berlin ouest a été tenue à l'écart, insularisée, alors que Berlin est se cachait du monde derrière un mur inexpugnable. D'un côté, on vivait sous la pression d'une vie trépidante, tandis que de l'autre, on souffrait d'un régime répressif. Cette conjoncture historique absolument unique – aucune autre ville au monde n'a été soumise à de pareilles extrémités – a doté d'une personnalité tout aussi unique le Berlin réunifié.

Jusqu'à la chute du mur, en 1989, la plupart des Allemands, qui ne pensaient pas assister de leur vivant à cet événement, se demandaient comment est et ouest parviendraient un jour à s'entendre. Or, il faut reconnaître que, malgré quelques tensions, l'unification s'est généralement faite en douceur. Et une ville en est née, parmi les plus intéressantes du monde à visiter. L'activité fébrile de l'ouest, qui a toujours attiré les jeunes en grand nombre, avec une animation nocturne parmi les plus vivantes d'Europe, se combine aujourd'hui avec la fascinante austérité de l'est. En dépit de la réunification, Berlin est est encore totalement différente de Berlin ouest. Pour qui ne s'était jamais aventuré au-delà du rideau de fer, cette austérité est certainement une révélation. Cette ville permet de comprendre comment des régimes opposés ont pu modeler différemment le même peuple, tels des jumeaux séparés à la naissance et élevés dans deux familles très dissemblables. Revoir les monuments historiques, les églises et les musées que les communistes tenaient à l'abri de l'ouest est passionnant, de même que découvrir les constructions érigées pour les citoyens de l'ancienne RDA, architecture totalitaire, étrangement obsédante – avec ses avenues incroyablement larges et ses alignements sans fin d'immeubles modernes à l'identique.

Berlin est devenue le plus grand chantier de construction du monde, une incroyable forêt de grues immenses, d'échafaudages et de lourdes machineries. Cette activité intense renforce l'impression que la capitale est, sans aucun doute, une ville qui bouge. Rien d'étonnant à ce que le Sorat Art'otel, l'un des premiers du genre au monde, s'y soit ouvert. Berlin a toujours été le creuset de l'Europe centrale. Depuis trois cents ans, attirés par la ville, des immigrants de tous les pays d'Europe – Polonais, Bohémiens et Huguenots français compris – ont joué un rôle déterminant dans l'évolution du caractère du Berlinois. Vif et tolérant, doué d'humour sardonique, il est naturellement prédisposé et ouvert à l'art, et en particulier à l'avant-garde.

Sorat Art'otel

Le concept de l'Art'otel est fondé sur une idée simple : offrir à ses résidents un cadre où l'art moderne soit omniprésent, ceci dans le but de créer entre eux et l'hôtel, un rapport d'une toute nouvelle dimension. Dans le cas du Sorat Art'otel (il existe deux autres hôtels de la même chaîne, l'un à Potsdam et l'autre dans le quartier Nicolai de l'ancien Berlin est), les architectes autrichiens Johanne et Gernot Nalbach ont utilisé, comme point de départ, des œuvres de l'artiste Wolf Vostell. Puis, ils lui donnèrent carte blanche pour créer un environnement différent.

Toutes les chambres ainsi que toutes les parties communes de l'hôtel sont donc décorées de gravures originales, de sculptures et d'installations de cet artiste (célèbre surtout pour ses deux Cadillacs prises dans le ciment d'un square public à Berlin).

Mais peut-être plus encore que par les œuvres elles-mêmes, l'hôtel se caractérise par une ouverture à toutes formes d'expression artistique. De très nombreux éléments de la décoration intérieure ont un design avant-gardiste. Que ce soit le tapis de l'artiste David Hockney placé dans la salle à manger, les toilettes du designer Philippe Stark ou le comptoir de la réception de l'hôtel qui, par le talent de Javier Mariscal, se dédouble en bar expresso avec tabourets, l'hôtel évite partout le convenu. L'atmosphère y est particulièrement détendue et l'établissement, parce qu'il ne se prend pas trop au sérieux, devient franchement amusant. L'habituelle raideur germanique ne se fait sentir nulle part.

Plus surprenant encore, les prix proposés restent très abordables. L'hôtel ne se veut pas réservé à une élite. Malgré sa situation recherchée (juste à la sortie du Kurfürstendamm, près de la gare du Zoo), ses prix sont loin d'être aussi haut de gamme que son emplacement. Une clientèle jeune pour un concept d'avant-garde. Le matin, la salle du petit déjeuner offre un spectacle qui pourrait être celui de n'importe quel café à la mode. L'atmosphère y est détendue, la tenue de rigueur généralement noire (et ajustée), et le décor plaisamment artistique.

Adresse : Sorat Art'otel, Joachimstaler strasse 29, 10719 Berlin, Allemagne
Téléphone : (49) 30 88 44 70 - **Fax** : (49) 30 88 44 77 00
Chambres : à partir de 235 DM ou 120 € (double à partir de 275 DM ou 141 €)

Le Bleibtreu

Jeune hôtel dans une vieille artère, le Bleibtreu est un havre dissimulé sous l'apparence élégante d'un hôtel particulier. Situé sur Bleibtreustrasse, rue renommée pour ses boutiques de luxe, juste derrière le Ku'damm (le Kurfürstendamm, la grande avenue commerçante de Berlin), il a été bien accueilli. Aujourd'hui, les gens chic qui font leurs courses à Berlin savent enfin où déjeûner à midi, ou bien prendre un simple cappuccino. Dommage que personne, y compris les chauffeurs de taxi, n'ait l'air de savoir qu'il s'agit aussi d'un hôtel. Il faut avouer que le camouflage est réussi. Vu de la rue, le Bleibtreu ressemble à une épicerie fine, à un café et à un fleuriste, avec un bar (le Bar Bleu) et un restaurant (Le 31) situé juste derrière le café. Entre le café et le fleuriste branché, sous une arche, un chemin en diagoɴ le mène à une petite cour pavée de bleu. Parée d'un magnifique chêne, cette cour donne accès d'un côté au restaurant et, à l'arrière, à une pièce minuscule avec une table poussée dans un coin. C'est ici l'entrée de l'hôtel : la réception se résume… à cette simple table.

Pour être différent, le Bleibtreu s'est débarrassé de toutes les conventions, y compris donc du hall d'entrée et de la réception. Pourquoi perdre tant d'espace, disent-ils, pour des fauteuils sur lesquels personne ne s'assied jamais, et pour des tables qui passent leurs journées en compagnie de bouquets de fleurs ? Là, ils marquent un point. Pourquoi sacrifier un espace qui pourrait être employé à des choses amusantes telles que cafés, bars, épicerie fine ou restaurants ?

Pour les clients, c'est une agréable nouveauté. Plutôt que de demander au concierge (de toute façon, il n'y en a pas) où aller et que voir dans la ville, il suffit de rester là, puisque c'est ici que tout se passe.

Mais le Bleibtreu ne s'est pas contenté de concevoir des parties communes différentes. Les chambres relèvent également d'un esprit nouveau, avec un design écologique. Du plus petit détail à la conception générale de l'hôtel, tout repose sur une aspiration au calme et à un salutaire bien-être. Une décoration d'intérieur minimaliste, des peintures organiques poreuses qui permettent aux murs de respirer, des tapis en laine cent pour cent vierge, des meubles en chêne non traité et l'utilisation de produits chimiques toxiques réduite au minimum : cela signifie-t-il qu'on se trouve devant une succession de chambres d'hôpital ? Loin de là. Cette attitude « éco-amicale » donne une impression de modernisme à la fois *soft* et *new age*. Pour je ne sais quelle raison, cela me rappelle la Californie – l'intérieur d'une maison du bord de mer, dans les années cinquante, sur

Bois naturel, couleur naturelle et peinture organique se font l'expression de l'éco-sensibilité du Bleibtreu.

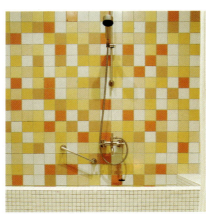

À chaque étage du Bleibtreu correspond un code de couleur : le jaune et le blanc est celui du deuxième.

Les tissus néoclassiques de Timney-Fowler se marient bien avec les meubles des années cinquante.

Avec un ancien chef comme directeur, l'hôtel Bleibtreu prend la table très au sérieux.

Cette amusante pendule murale est le seul ornement que l'on trouve au rez-de-chaussée, à la réception.

Le Blue Bar, à côté du café du rez-de-chaussée, est un petit espace très fréquenté avant le dîner.

Petit hublot lumineux fixé dans le mur, rien n'est ici comme ailleurs, pas même le numéro des chambres.

Draps de coton, tapis de laine hypo-allergénique, lin et coton sur les sièges, et une pomme en guise de chocolat.

Cette tente dressée dans un style néoclassique tire le meilleur parti possible des combles.

L'épicerie fine (avec le café et le fleuriste) fait partie des aspects non conventionnels du hall.

Le sol de mosaïque brillant du vestibule est fait de morceaux de verre incrustés dans du ciment poli.

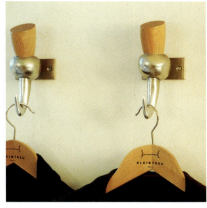

Moderne, organique, super, original – voilà les adjectifs qui décrivent le mieux le Bleibtreu.

Le dernier étage est caractérisé par des couleurs différentes : noir, blanc et rouge.

Ambiance branchée dans le café où l'on vient prendre un cappuccino et un croissant vite fait.

Le fleuriste du rez-de-chaussée est une attraction pour les clients de l'hôtel comme pour le chaland.

Occupant la plus grande partie du rez-de-chaussée, le restaurant donne sur deux cours différentes.

Quelques-unes des chambres du haut, baignées de soleil, disposent de petites terrasses sur Bleibtreu strasse.

La cour du rez-de-chaussée donne à l'entrée de l'hôtel un inhabituel côté « dedans-dehors-dedans ».

la côte du Pacifique. Les chambres sont lumineuses, baignées d'une douce clarté, sans rien d'agressif ni de tranchant. Un séjour au Bleibtreu vous donne envie de manger des fruits et de pratiquer le yoga… mais dès que l'on pénètre dans le bar ou le restaurant, ces bonnes résolutions volent en éclats.

Les meubles, les tapis, les lampes ainsi que tous les accessoires ont été spécialement conçus pour le Bleibtreu par Herbert Jakob Weinand et réalisés artisanalement en Allemagne et en Italie.

Mais, le plus séduisant et le plus inhabituel reste l'éclairage que l'on peut moduler à volonté. Vous pouvez tamiser toutes les lumières, mais aussi les réduire indépendamment les unes des autres. Une fois réglées à votre convenance, vous les programmez et enregistrez le niveau lumineux à l'aide d'une télécommande dont (Dieu merci) le personnel vous explique le maniement. Vous appuyez sur un bouton et votre niveau de lumière préféré est en mémoire. Voilà ce que j'appelle une chambre intelligente !

Le gymnase a également bénéficié du concept de Weinand. En vérité, il s'agit moins d'un gymnase que d'un « centre de bien-être ». L'endroit n'est pas fait pour l'entraînement physique mais pour vous aider à vous détendre. Ouvrir la porte d'une pièce étincelante et vous enfoncer dans le bain de vapeur est le plus grand effort qu'on attendra de vous. Situé au sous-sol de l'immeuble, cet établissement de cure est l'un des plus beaux qui soient, avec un centre de massage et un masseur « holistique » à plein-temps. Plus étonnant encore, une salle de relaxation qui utilise des lumières de couleur pour stimuler certains états d'âme en accord avec vos projets immédiats (lumière rouge pour ceux qui ont l'intention de sortir et de s'amuser, lumière bleue pour ceux qui préfèrent aller au lit de bonne heure).
Si tout paraît différent, c'est que tout *est* différent.

N'oublions pas, au bout du compte, que toutes ces attentions « éco-amicales » n'ont qu'un seul but: vous faire passer la meilleure nuit possible.

Adresse : Le Bleibtreu, Bleibtreustrasse 31, 10707 Berlin, Allemagne
Téléphone : (49) 30 884 74 0 - **Fax** : (49) 30 884 74 444
Chambres : à partir de 275 DM ou 141 € (suites à partir de 525 DM ou 268 €)

Le Ritz-Carlton Schlosshotel

Le label « dessiné par Karl Lagerfeld » figure partout. On le trouve sur les allumettes comme sur les objets de toilette offerts par l'hôtel, jusque sur les mules de la salle de bains. Le Ritz-Carlton Schlosshotel entend faire comprendre par là que vous ne vous trouvez pas dans un hôtel ordinaire. De toute évidence, ce n'est pas le cas. Ce palais, dans le très chic quartier de Grünewald, serait déjà suffisamment impressionnant sans cette très illustre signature. Construit à l'origine par Walter von Pannwitz – aristocrate et homme de loi, qui s'était pris de passion pour la porcelaine de Meissen, la réforme de la justice et les maîtres flamands – il a toujours été, depuis son achèvement en 1914, un lieu de résidence exceptionnel à Berlin. L'empereur Guillaume II y séjourna en permanence pendant la guerre, ainsi que beaucoup d'autres souverains européens en exercice. Au début du XXᵉ siècle, Berlin était déjà une capitale trépidante qui se développait rapidement. Le palais Pannwitz était vite devenu l'adresse la plus sélecte de Grünewald, et Grünewald le quartier le plus élégant de la ville.

Grünewald (littéralement « forêt verte ») était à l'origine une enclave dans le domaine des forêts de la chasse royale qui entouraient la vieille ville prussienne. Puis il s'est peu à peu transformé en quartier résidentiel.

Pour protéger son caractère exceptionnel, ses plans ont été soigneusement étudiés, une série de lacs aménagés et la construction réglementée de façon très stricte, n'autorisant qu'une seule maison pour deux hectares de terrain. Objectif atteint ! Bien qu'idéalement situé au début du Kurfürstendamm, l'artère commerçante ultrachic de Berlin, Grünewald reste une forêt. Comme le déclare Karl Lagerfeld dans une vidéo promotionnelle de l'hôtel : « Grünewald est le seul endroit au monde où vous pouvez séjourner dans un palais, au milieu d'une forêt, en plein cœur d'une ville. »

Le désastre de la Première Guerre mondiale et la récession qui s'en suivit en Allemagne mirent fin à la grande époque de Grünewald. La famille Pannwitz fut contrainte de suivre l'empereur dans son exil en Hollande, abandonnant son palais, ultime expression d'une passion pour l'art et l'architecture. Le palais Pannwitz ne retrouva plus jamais son faste d'antan. Il resta fermé, volets clos, pendant près de dix ans. Pendant la Seconde Guerre mondiale, il servit d'abord de siège à l'ambassade croate puis de quartier général à l'armée britannique. Il fut finalement reconverti en hôtel lors de la reconstruction allemande. Aujourd'hui, grâce à Karl Lagerfeld, le vieux palais est probablement plus près de

L'empereur Guillaume II fit ici de fréquents séjours, à l'époque où l'hôtel était une demeure privée.

La suite de l'empereur a toute la somptuosité d'un boudoir de prince prussien.

Parfaitement chic et d'une incroyable splendeur, le Vivaldi offre les repas les plus raffinés de tout Berlin.

Un hall très élégant où l'on peut s'asseoir en attendant les formalités d'inscription… quel savoir-vivre !

La suite personnelle de Karl Lagerfeld, dans le style architectural secessionniste, distingué et opulent.

Dans la suite Lagerfeld – disponible en son absence – des meubles du designer d'avant-garde, André Dubreuil.

Le Ritz-Carlton Schlosshotel

ses origines qu'il ne l'a jamais été depuis la Première Guerre mondiale. Plutôt que de lui imposer sa propre empreinte, Lagerfeld a choisi de se tourner vers l'histoire. Une équipe d'artisans polonais talentueux a été chargée de restaurer les panneaux dorés, les portes en bois massif et les ornements qui embellissaient à l'origine le palais de Herr von Pannwitz. D'autres artisans ont rénové les nombreux tableaux et antiquités. Le résultat et convainquant.

Le Ritz-Carlton Schlosshotel n'offre pas seulement l'occasion de résider dans un palais en pleine forêt, au cœur même de Berlin, mais aussi l'occasion de jouir d'un style et d'une architecture que l'on ne rencontre plus guère que dans les livres d'art ou les bâtiments du patrimoine national. N'est-ce pas un fantastique privilège que de dîner dans la salle à manger d'un empereur et d'un tsar ou de déjeuner dans le jardin d'hiver où l'on servait le thé aux familles royales de Hollande et du Danemark ? Mais une grande partie du plaisir tient dans le fait d'être en plein centre-ville et de pouvoir, dans un même après-midi, se livrer aux joies d'un somptueux déjeuner, d'une promenade en forêt et aux plaisirs du shopping.

En remerciement de sa participation, Lagerfeld s'est vu offrir un appartement dans le vieux palais – celui qui était, à l'origine, l'appartement privé de Walter von Pannwitz. L'occasion ou jamais d'y apposer sa signature. Cette suite, qui comprend une petite entrée, un salon de belle taille avec vue sur le jardin et une chambre à coucher tout aussi grande, a été décorée richement mais sans excès, avec élégance mais sans trop de recherche. Lagerfeld lui a donné un style en y mêlant des antiquités triées sur le volet et des œuvres d'avant-garde d'André Dubreuil, son designer favori, ainsi que de l'architecte Borek Sipek. Quand il n'occupe pas l'appartement (en fait, la plus grande partie de l'année), l'hôtel peut le louer au même titre que les autres suites. Et cela vaut la peine, ne serait-ce que pour la salle de bains, sans parler du plaisir de lâcher mine de rien : « Eh, oui, nous avons justement passé le week-end chez Karl, à Berlin. »

Adresse : Le Ritz-Carlton Schlosshotel, Brahmsstrasse 10, 14193 Berlin, Allemagne
Téléphone : (49) 30 895 84 0 - **Fax** : (49) 30 895 84 800
Chambres : à partir de 555 DM ou 284 € (suite à partir de 950 DM ou 486 €)

Hotel im Wasserturm

Il y a dix ans, au faîte de sa carrière, Andrée Putman était la designer la plus mondialement recherchée. Le style, inventé pour son loft parisien, avait provoqué une cascade, apparemment inépuisable, de commandes prestigieuses.

Avant guerre, le style sobre, élégant et indéniablement français qui était le sien triomphait à Paris. En fait, son travail était très proche de celui du très célèbre designer, Jean-Michel Frank. Élancées, retenues, rigoureusement dépourvues de maniérisme – pas de colifichets, de coussins, de tissus froncés, de rideaux de chintz – les créations de Putman étaient à son image. Design et designer ne faisaient qu'un. Déjà célèbre à Paris dans un cercle de connaisseurs, elle devint une star internationale après avoir réalisé l'hôtel Morgan à Manhattan.

Personne n'avait jamais rien vu de semblable. Obéissant au goût minimaliste de Putman, la décoration des chambres illustrait l'idée qu'« une spectaculaire retenue est la meilleure façon de révéler la modernité ». Les salles de bains, par exemple, audacieusement carrelées en blanc et noir, avec des lavabos sans pied, en acier inoxydable et sans ornement, font partie des espaces le plus souvent photographiés du début des années quatre-vingt. New York tenait là son premier hôtel avant-gardiste. Au lieu de chercher à satisfaire le goût de ses clients, c'était aux clients de s'adapter au style de l'hôtel. Et ça a marché. Le Morgan a joui d'un des plus forts taux d'occupation à New York et, pour Andrée Putman, ce fut un marchepied pour des projets de plus en plus importants. Elle monta sa propre entreprise, Écart International, qui fabriquait des lampes d'après des dessins originaux du légendaire Vénitien Mariano Fortuny et des meubles dessinés par Eileen Gray, architecte alors oubliée. On lui demanda aussi de participer à une métamorphose architecturale unique par sa nouveauté et son audace : la conversion d'un château d'eau du XIXe siècle, le plus grand de son genre en Europe, en hôtel de luxe.

Une commande de rêve : non seulement cette tour était circulaire – sa forme préférée – mais d'un volume prometteur. En prime : le consortium en charge de l'hôtel avait la réputation d'être extrêmement soucieux de la qualité. Alors que bien souvent, son travail à New York avait été gêné par des budgets trop restreints (un maximum d'effet pour un minimum d'argent), ce consortium tablait avant tout sur la qualité avec une vue à long terme typiquement germanique. Boutons de porte, meubles, éclairages, tissus, salles de bains, l'esthétique fut, dans les moindres détails,

Hotel im Wasserturm

soigneusement étudiée par une équipe de designers. Le résultat : un hôtel (achevé en 1990) original et raffiné qui compte parmi les plus grandes réussites en Europe.

Et, pour une fois, les meilleures chambres ne sont pas les plus chères. Par exemple, on accède à des studios situés au cinquième étage par un pont high-tech suspendu au-dessus du cœur creux de cette gigantesque structure en brique. Après avoir poussé d'imposantes portes en wengé, on pénètre dans un espace divisé en deux : un séjour et une chambre à coucher avec salle de bains attenante. Exactement le genre d'appartement que j'adorerais habiter, surtout pour son incroyable hauteur de plafond et la blancheur immaculée du sol carrelé. Cette architecture intérieure, qui répond à toutes les attentes, nous donne une merveilleuse leçon : on comprend que la qualité réelle d'un volume s'évalue bien plus en terme d'échelle et d'espace que de surface. Avec ses murs circulaires, ses hautes fenêtres élégantes et ses meubles tapissés de velours (on retrouve le goût de Putman pour les années trente), ces chambres sont un modèle d'utilisation judicieuse de l'espace.

Quiconque a un penchant pour l'architecture et de la décoration sera saisi d'admiration dans le soin apporté aux détails. Mais l'hôtel offre un autre agrément, en particulier pendant l'été. Le Wasserturm est l'un des restaurants les plus populaires de Cologne. Située sur le toit, cette pièce ronde ouvre grâce à un jeu savant de portes coulissantes, sur une terrasse avec vue panoramique sur la ville. On aperçoit la fameuse cathédrale, le Rhin ainsi que la vieille cité médiévale qui le borde. Dans cette réalisation, Andrée Putman a abandonné son style minimaliste et choisi de recréer le décor d'un restaurant parisien typique, avec confortables copies de fauteuils Louis XV, grandes tables rondes et nappes amidonnées. Connaissant son goût pour la simplicité, j'avais été frappé par ce parti pris plutôt étrange. Puis je me suis souvenu d'une interview au cours de laquelle elle prétendait détester la perfection : « Je cherche toujours à commettre l'erreur. »

Adresse : Hotel im Wassertum, Kaygasse 2, 50676 Cologne, Allemagne
Téléphone : (49) 221 200 80 - **Fax** : (49) 221 200 88 88
Chambres : à partir de 320 DM ou 164 € (suites à partir de 440 DM ou 225 €)

Schloss Eckberg

Surnommée la « Florence de l'Elbe », Dresde fut jusqu'à la Deuxième Guerre mondiale la plus belle ville d'Allemagne. Impitoyable mais dévoué, l'empereur Auguste le Fort lui fit quitter son rang d'éternelle deuxième ville après Meissen dont les célèbres porcelaines étaient le fleuron. En 1700, l'empereur y attira artistes et architectes brillants et permit ainsi à la ville de se réaliser à travers moult chefs-d'œuvre baroques. Supplantant Meissen, Dresde devint la capitale culturelle et politique de la Saxe et l'un des centres phares des arts du spectacle, position qu'elle entend bien reconquérir aujourd'hui. La ville avait subi la Seconde Guerre mondiale sans trop de dommages lorsque, dans les nuits des 13 et 14 février 1945, elle dut endurer l'une des attaques aériennes les plus sauvages qui aient été infligées à une ville européenne. La quasi totalité des trésors baroques de Dresde furent anéantis et, comble de malchance, la ville tomba peu après sous la chape communiste, disparaissant derrière le rideau de fer jusqu'à la réunification de l'Allemagne, en 1990.

Aujourd'hui, les choses ont changé. De l'avis général, Dresde s'est mieux adaptée à l'économie nouvelle qu'aucune autre ville de l'ex-Allemagne de l'Est. À l'instar de Berlin, cette ville qui bouge est devenue passionnante.

Pour la petite histoire, Dresde était connue à l'ouest comme « l'endroit où l'on n'est au courant de rien ». Explication : sa topographie vallonnée l'empêchait (fait exceptionnel en Allemagne de l'Est) de capter les émissions de la télévision ouest-allemande. Cet isolement lui a peut-être été bénéfique. Ne trouvant aucun débouché utilitaire dans la société égalitaire prônée par le régime communiste, la plupart des magnifiques monuments qui n'avaient pas été endommagés par les bombardements alliés sont restés intacts. Aujourd'hui, on restaure au cœur de la vieille ville l'exceptionnel héritage baroque. Le Semper Oper (l'opéra, qui porte le nom de son architecte, Gottfried Semper) est de nouveau une scène qui compte dans le monde de la musique classique. Avec la première du *Hollandais Volant* de Wagner et la *Salomé* de Richard Strauss, Dresde signe son retour en force parmi les plus grands centres culturels du monde.

De nombreux Berlinois viennent en bateau y passer le week-end. Le paysage, pittoresque, descend en pente escarpée vers une Elbe étincelante ; et le long des rives couvertes de vignobles s'accrochent une impressionnante collection de châteaux. Nous sommes ici dans l'Allemagne de la légende wagnérienne, où de blondes filles du Rhin aux épaisses nattes cueillent le raisin au soleil.

Folie gothique du XIXᵉ siècle, Schloss Eckberg a récemment recouvré sa splendeur passée.

Plafonds dorés en forme de tente et portes de pagode typiques de Dresde, capitale de la Saxe.

Avec une vue sur le parc de l'hôtel et sur l'Elbe, le café offre un décor idyllique pour prendre le petit déjeuner.

Une des suites, avec sa propre bibliothèque gothique attenante et une vue pittoresque sur le fleuve.

Les proportions monumentales et le détail de l'ornementation n'ont pas été étouffés par un excès de décoration.

En opposition au style néogothique de la maison, les salles de bain sont modernes, tout en marbre et en pierre.

Schloss Eckberg

On comprend que le tourisme y soit en pleine expansion. L'un des palais construits sous le règne d'Auguste le Fort, le palais Taschenberg, a été converti en un somptueux hôtel. On trouve également un hôtel très avant-gardiste qui regorge des dernières innovations du design italien.

Mais quelle que soit leur situation, impossible de saisir la perspective unique de la ville. Pour éprouver ce qui fait la légende de Dresde, il faut élire domicile dans un château surplombant le fleuve et, de sa chambre juchée dans une tour, observer les bateaux qui épousent les méandres d'un des plus beaux fleuves d'Europe. C'est ce qui fait la magie du Schloss Eckberg. Extravagante construction gothique, asymétrique, sans plan défini, s'inspirant des propriétés anglaises et écossaises de style Tudor, nid d'aigle dominant l'Elbe, il est doté d'un parc de dix-sept hectares et d'un vignoble longeant le fleuve.

Conçues en 1859 par Christian Friedrich Arnoldt, élève de Gottfried Semper, ses myriades de tours ne pouvaient pas trouver une situation plus pittoresque que cette pente rocheuse et boisée.

Expropriés par le gouvernement de l'Allemagne de l'Est, les propriétaires du château ont été rétablis dans leurs droits peu après la réunification. Pendant les décennies communistes, le bâtiment n'avait guère été utilisé que pour des réunions syndicales.

Si bien que lorsque les nouveaux propriétaires demandèrent à l'Italien, Danili Silvestrin, de redessiner l'intérieur dans un style contemporain mais fidèle à l'architecture initiale, celle-ci était encore largement intacte. L'intérieur minimaliste offre un contrepoint efficace à cette architecture fantaisiste.

Les murs blancs et l'ameublement moderne, combinés avec les antiquités Biedermeier, rehaussent encore la vision de l'Elbe et de la vieille ville de Dresde. Vue d'une tour, depuis l'une de ces merveilleuses suites, on comprend aisément pourquoi la région a été qualifiée de « Suisse saxonne » et pourquoi Dresde est en passe de redevenir une des grandes capitales artistiques de l'Europe.

Adresse : Schloss Eckberg, Bautzner strasse 134, 01099 Dresde, Allemagne
Téléphone : (49) 351 8099 0 - **Fax** : (49) 351 8099 199
Chambres : à partir de 380 DM ou 194 € (suites à partir de 600 DM ou 307 €)

Le Clarence

Le Clarence n'est pas un nouvel hôtel puisqu'il fait partie du paysage de Dublin depuis 1852, date de sa construction comme hôtel pour voyageurs de commerce. Situé au cœur de Temple Bar, sur les rives de la Liffey, cet hôtel n'a rien perdu de sa dignité d'antan ni de son charme, même s'il n'est plus tout jeune. Sans doute grâce à son emplacement et à l'élégance de son architecture.

Ce charme un peu fané a rendu cet hôtel cher aux artistes, musiciens et écrivains qui, dans les années soixante-dix, ont fait de Temple Bar le quartier branché de Dublin. Parmi les habitués qui venaient à cette époque prendre une bière au Clarence, se trouvaient des membres du groupe U2. Les souvenirs émus qu'ils avaient gardés de l'endroit ont poussé Bono et the Edge à s'associer aux investisseurs irlandais qui désiraient acheter l'hôtel et le restaurer.

Comme l'a fait remarquer un journaliste américain : « Les stars du rock qui avaient l'habitude de saccager les hôtels en sont aujourd'hui les propriétaires. » Évidemment, parmi tous ceux qui fréquentent assidûment les hôtels, les stars du rock sont bien placées, pour y vivre à longueur de mois lorsqu'ils sont en tournée. C'est pourquoi la rénovation s'est largement inspirée de l'idée qu'avait U2 de l'hôtel idéal : un lieu intime, un service irréprochable dans la tradition de l'hospitalité irlandaise, rien qui puisse être vieux jeu et un agencement résolument contemporain.

Pour réaliser leur projet, ils ont fait appel à deux spécialistes de grande renommée : comme consultant, Grace Leo-Andrieu, administrateur de l'hôtel Montalembert à Paris et propriétaire de l'hôtel Lancaster récemment rénové (voir respectivement p. 197 et 191), et, comme designer, Keith Hobbs (ex-associé de Terence Conran) de la United Designers de Londres.

Le design est justement ce qui fait la particularité du Clarence. Au début des années 1900, l'hôtel avait été refait dans le style Arts and Crafts, avec les sobres panneaux de chêne irlandais, de confortables fauteuils de cuir et, dans certaines pièces, des sols en mosaïque.

Ce côté « chêne et cuir » étant associé au Clarence, dans l'esprit de plusieurs générations d'habitués, on décida de le conserver.

Des parties communes aux cinquante chambres, la nouvelle décoration du Clarence se caractérise par l'utilisation de la pierre de Portland et du chêne américain, ainsi que des couleurs riches (rouge cardinal, bleu roi et or) pour les fauteuils en cuir, les divans et les banquettes. Le *Condé Nast Traveler* qualifie ce style de « discret tout en restant luxueux ». L'hôtel est très confortable, sans rien d'affecté. Comme l'explique Harry Crosbie, l'un des

Au « Tea Room », restaurant primé, les plats rappellent la tradition irlandaise avec une petite touche continentale.

De style Arts and Crafts, le « Bureau » est un lieu paisible où prendre un petit déjeuner ou un dernier verre.

On trouve un peu partout, dans l'hôtel, des œuvres originales de Guggi, artiste irlandais.

Les salles de bains toutes carrelées de blanc prolongent le style Arts and Crafts du rez-de-chaussée.

Le hall, chaleureux et accueillant avec ses panneaux de chêne irlandais qui datent du début du siècle.

Draps de coton égyptien, meubles en chêne et pierre blanche de Portland, voilà pour les chambres.

entrepreneurs : « On ne pouvait pas faire un hôtel trop sophistiqué, les gens de Dublin ne l'auraient pas accepté. »

Mais la véritable attraction du Clarence, c'est Dublin. Et le meilleur endroit pour faire connaisance avec la ville, c'est l'Octagon Bar. Le soir, ce bar se remplit d'un mélange éclectique de clients de l'hôtel et de marginaux. Comme l'assure Crosbie : « Le Clarence a toujours fait partie du paysage de Dublin et le bon côté de l'histoire, maintenant que nous l'avons refait, c'est qu'il fait toujours partie de Dublin. »

Le week-end, l'accès au bar n'est guère garanti qu'aux clients de l'hôtel. Le succès du lieu est tel que, pour tenter d'endiguer le flot des clients, de grands costauds sont postés ici ou là à l'entrée du quartier et le long des berges de la Liffey. Même en Irlande, il semble donc qu'il y ait, dans les bars, un seuil limite à respecter pour garantir aux clients l'agrément du lieu !

Le salon de thé est situé dans l'ancienne salle de bal. Contrairement à ce que son nom indique, c'est un restaurant, et même le restaurant dont on parle le plus à Dublin.

Son chef, Michael Martin (qui a fait ses classes à Londres chez les célèbres frères Roux), propose une cuisine contemporaine étonnamment abordable. Au menu, des classiques irlandais revisités de façon audacieuse tels que les filets d'agneau de lait grillés accompagnés d'une purée de céleri et d'un jus d'olives noires.

Situé au cœur de Temple Bar, le Clarence jouit d'un emplacement idéal pour qui souhaite explorer la ville. Le quartier vous plonge dans une atmosphère qui mélange raffinement urbain et ambiance populaire des pubs irlandais.

Difficile dans ces conditions, de rentrer sobre d'une soirée passée à flâner dans ce quartier. Mais la vie nocturne ne constitue que la moitié du plaisir d'être à Dublin.

Dans la journée, si vous êtes venu à bout de votre migraine des lendemains de fête, sortez donc pour visiter l'une des villes géorgiennes les mieux conservées au monde.

Adresse : Le Clarence, 6–8 Wellington quay, Dublin 2, Irlande
Téléphone : (353) 1 670 90 00 - **Fax** : (353) 407 08 20
Chambres : à partir de 180 IR£ ou 228 € (suites à partir de 400 IR£ ou 508 €)

L'Helvetia & Bristol

L'Helvetia & Bristol est un hôtel typiquement florentin, hors du temps et raffiné. L'atmosphère y est détendue et sans chichis. On le croirait tout droit sorti du roman *Avec Vue sur l'Arno*, de E. M. Forster. Situé au cœur du centre historique de Florence, cet établissement vieux de cent cinquante ans a été conçu dans le style d'un ancien palais. Avant la Première Guerre mondiale, cet hôtel avait la faveur des connaisseurs et de l'aristocratie qui le préféraient secrètement à tout autre. Igor Stravinsky, Giorgio de Chirico, Gary Cooper et la famille royale danoise avaient fait de l'Helvetia & Bristol leur lieu de séjour à Florence. Non sans raison. L'atmosphère de l'hôtel est celle d'une somptueuse et très originale maison à la campagne. Elle incarne tout ce que Florence peut offrir : l'art, la beauté, l'histoire, le spectacle de la rue, la gastronomie. Si l'hôtel est câblé avec des millions de chaînes au programme, plutôt que de regarder l'écran du téléviseur, il y a fort à parier que vous préférerez contempler la superbe reproduction du XVIIIe siècle de la *Madonna della Seggiola* de Raphaël qui est accrochée au mur de votre chambre.

L'élégant jardin d'hiver, endroit rêvé pour prendre le thé l'après-midi, était au début du siècle, le lieu de rendez-vous favori des intellectuels florentins. Jusqu'à la Première Guerre mondiale, l'atmosphère conviviale et la splendide décoration de l'hôtel attiraient tout ce que l'Angleterre comptait de riches aristocrates. Fondé par une vieille famille suisse – d'où le nom « Helvetia » – l'établissement ajouta par la suite « Bristol » pour lui donner un petit air britannique. Bien que l'aristocratie anglaise soit tombée amoureuse de Florence, elle n'en éprouvait pas moins quelques difficultés avec la langue !

Aujourd'hui, on s'y sent transporté hors du temps, comme dans un lieu qui aurait été parfaitement préservé, alors qu'en fait, presque tout ce qui fait le charme de l'hôtel est le fruit de l'intervention relativement récente de deux architectes chargés de rendre à l'Helvetia & Bristol sa splendeur originale. Sans ménager leur peine, Fausta Gaetani et Patrizia Ruspoli ont, depuis 1987, obstinément sillonné le pays, courant les ventes aux enchères, les marchés et les antiquaires. Puisant leur inspiration dans le double héritage toscan et anglais de l'hôtel, elles ont décoré les parties communes comme les espaces privés, de tapis, meubles et peintures évoquant avec splendeur la fin du XIXe siècle. Ce qui est extraordinaire, c'est que tout semble y être comme depuis toujours. Rien d'étonnant à ce que *Vogue Décoration*, en 1990,

De merveilleux objets acquis dans les ventes aux enchères et les marchés d'antiquités de toute l'Italie.

Sols de terre cuite polie incrustée de granit gris, donnent à l'Helvetia & Bristol son caractère régional.

Plats toscans du chef Francesco Casu servis au Bristol, le restaurant intime et excentrique de l'hôtel.

L'après-midi, le thé est une tradition que l'on honore dans le célèbre jardin d'hiver de l'hôtel.

Des rideaux de dentelle vénitienne ancienne ornent les fenêtres du restaurant Bristol, au rez-de-chaussée.

Le jardin d'hiver, lieu de rendez-vous de l'intelligentsia florentine au cours des cent dernières années.

L'Helvetia & Bristol

lui ait accordé son trophée d'hôtel le mieux décoré du monde.

L'atmosphère conviviale et la décoration chaleureuse nous feraient presque oublier que nous sommes à Florence, la ville des Médicis, lieu hautement pittoresque qu'il convient de découvrir, et de préférence à pied. Le visiteur se fait un devoir culturel d'en voir le plus possible. Cette tâche est d'autant plus aisée que l'Helvetia & Bristol est extraordinairement bien situé, entre la piazza della Repubblica et la via Tornabuoni, à deux pas du Duomo de Brunelleschi, de l'Arno et du Ponte Vecchio avec toutes ses petites boutiques de bijoux. À condition de pouvoir se soustraire au charme et à la beauté de l'hôtel, on ne peut trouver meilleur point de départ pour explorer cette ville-musée. Ce n'est que lorsque vous serez fatigué au point de ne plus pouvoir admirer une merveille Renaissance de plus, que vous aurez mérité de vous asseoir au Caffè Gilli, sur la piazza della Repubblica, pour regarder les passants tout en dégustant un délicieux *panino* et un bien apaisant Campari.

Mais si Florence recèle un trésor artistique inépuisable, elle est aussi un haut lieu de la gastronomie italienne. Comment pourrait-on envisager une visite, ici à Florence comme partout ailleurs en Italie, sans prendre le temps de savourer un de ces plats succulents ? Et justement, un des meilleurs endroits pour s'initier à la cuisine toscane, est le Bristol, le restaurant de l'hôtel. Petit, élégant, meublé avec raffinement et décoré de très curieux lustres qui ont appartenu à un aristocrate excentrique de Capri, il propose une table aussi inventive que le décor.

Le chef, Francesco Casu, réinterprète des recettes toscanes traditionnelles : *fettunta* (pain grillé avec de l'ail et de l'huile), soupe de tomate typique, pâtes aux haricots, blanc de pigeon sur une salade d'épinards et glace au lait d'amande. Tous les plats proposés sont réalisés avec les produits frais (et donc de saison) de la région. Bravo pour la très actuelle cuisson rapide et sans graisse. Sinon, on en serait quitte pour aller au gymnase. À Florence ? Quelle horreur !

Adresse : L'Helvetia & Bristol, via dei Pescioni 2, 50123 Florence, Italie
Téléphone : (39) 055 287 81 4 - **Fax** : (39) 055 288 35 3
Chambres : à partir de 490 000 L ou 253 € (suites à partir de 890 000 L ou 460 €)

Le Peninsula

Le « Pen » est une institution. L'histoire de Hong Kong s'inscrit tout entière dans celle de l'hôtel. Au début des années vingt, des architectes dressèrent les plans d'un hôtel qui devait être « le plus élégant à l'est de Suez ». Et tandis que Hong Kong a grandi si vite qu'elle est considérée aujourd'hui comme le New York de l'Est, le Peninsula, lui, n'a jamais cessé d'être le lieu où séjourner à Hong Kong.

Dans une ville qui n'a cure de la nostalgie et où l'on ne trouve plus guère de souvenirs de l'époque coloniale, le Peninsula fait aujourd'hui figure d'exception.

Ce monument historique si représentatif du passé comme du présent de Hong Kong ne s'est jamais laissé brider par son image. Dans les années vingt (quand un voyage en train depuis Londres en première classe prenait dix jours et passait par Calais, Paris, Moscou, Pékin et Shanghaï), le Peninsula a été le premier à tenter de satisfaire la clientèle d'outremer ; le premier, dans les années trente, à recevoir des stars de Hollywood (Charlie Chaplin et Paulette Goddard) ; le premier, dans les années soixante, à ouvrir une discothèque. Dans les années soixante-dix, le Peninsula avait réuni la plus grande flotte au monde de Rolls Royce pour transporter avec classe ses clients depuis l'aéroport ; et dans les années quatre-vingt-dix, il a été le premier à inviter Philippe Stark à créer un bar-restaurant pour la clientèle « branché » de Hong Kong.

Comme de nombreux hôtels figurant dans cet ouvrage, le Peninsula est une affaire de famille. Il a été monté par deux frères, Elly et Ellis Kadoorie, des Juifs d'Irak. Ellis s'était installé à Shanghaï en 1880 tandis que son frère aîné, Elly, se lançait dans les affaires à Hong Kong. Vingt ans plus tard, les frères Kadoorie avaient réussi dans la banque, les plantations de caoutchouc, l'énergie électrique et l'immobilier, et avaient acquis la majorité des parts de la compagnie Hong Kong Hotels Limited. Lorsque Ellis (qui savait, selon la tradition familiale, se montrer très généreux envers des œuvres charitables) devint « sir Kadoorie », en 1917, le Peak et le Repulse Bay de Hong Kong, l'Astor House, le Palace Hotel et le Majestic de Shanghaï ainsi que le Grand Hotel Wagons Lits de Pékin tombèrent dans l'escarcelle de la Hong Kong Hotels Ltd.

Joyau de la couronne familiale, le Peninsula a été achevé en 1928. Douze ans plus tard, la nouvelle génération reprenait le flambeau : le fils de sir Elly, Lawrence Kadoorie (qui sera fait lord), prenait la place de président-directeur général, remplacé en 1946 par son frère Horace.

Après la saisie par le gouvernement chinois de tous leurs biens à Shangaï, en 1949, le

Le Peninsula

Peninsula devint le porte-drapeau incontesté de la compagnie.

Cet hôtel a su évoluer avec son temps, bénéficiant de quatre rénovations en quatre décennies, les unes réussies, les autres moins (le style scandinave adopté dans les années soixante a déplu à tout le monde). Mais, aux commandes, rien n'a changé : il doit toujours y avoir un Kadoorie à la barre.

Cependant, en 1988, lorsque trois mille personnes se sont rassemblées pour fêter le soixantième anniversaire du Peninsula, cette vieille dame encore très belle, commençait néanmoins à accuser son âge. C'est au dernier des Kadoorie, Michael, fils de lord Lauwrence, qu'est revenu l'honneur de faire entrer cette vénérable institution dans le XXIe siècle. Défi relevé avec le projet audacieux d'ajouter à l'ancien bâtiment une tour de trente étages, conçue pour loger cent trente chambres supplémentaires, une piscine spectaculaire et un établissement de cure (selon les plans d'Orlando Diaz-Azcuy), un héliport (réalisé par Denton Corker Marshall) et un restaurant résolument nouveau.

L'idée d'un restaurant sur le toit et deux étages lui était venue, à Madrid, au Teatriz réalisé par Philippe Starck. L'imagination dont celui-ci avait fait preuve et la théâtralisation de l'espace lui avaient fait grande impression. Et, bien que Starck ait déclaré ne plus jamais faire de restaurants, l'idée de Kadoorie de créer à Hong Kong « une brasserie du XXIe siècle » éveilla suffisamment son intérêt pour que le designer fasse une exception. Baptisé Félix, ce restaurant est devenu l'un des plus photographiés du monde. Des fauteuils à la porcelaine, il doit tout à Starck. Et la vue qu'on a depuis le restaurant sur Hong Kong est célèbre. Comme il était à prévoir, la table est aussi originale que le décor. Les plats ont la saveur du Pacifique : saumon sauvage à l'unilatéral assaisonné au citrus et au miso par exemple, ou encore brochettes de crevettes à la noix de coco et à la noix de macadamia.

L'*Asian Wall Street Journal* a peut-être le mieux compris pourquoi le Peninsula tient le haut de l'affiche : « Ce n'est pas la table qui attire la foule hétéroclite des clients ; ce qui attire la clientèle, c'est la clientèle. »

Adresse : Le Peninsula, Salisbury road, Kowloon, Hong Kong
Téléphone : (852) 2366 6251 - **Fax** : (852) 2722 4170
Chambres : à partir de 2 900 HK$ (suites à partir de 5 200 HK$)

Le Blakes

Pourquoi des acteurs comme Jack Nicholson et Robert de Niro, ou des créateurs comme Jean-Paul Gaultier et Christian Lacroix séjournent-ils au Blakes ? Pour deux raisons : la discrétion absolue que leur assure l'hôtel, et son style très personnel signé Anouska Hempel… mais pas nécessairement dans cet ordre.

Perfectionniste à l'extrême, Anouska Hempel supervise tout, des tapis de soie aux bouquets. Le dénominateur commun des cinquante suites, dont les couleurs sont choisies dans l'ensemble de la palette, du blanc le plus pur au noir profond, en passant par moutarde, or, lavande ou rouge cardinal, ce sont des antiquités de tous les âges et de tous les coins du monde mêlées avec une fantaisie débridée.

Comme dans un caravansérail, des objets russes, indiens, turcs et d'Europe centrale décorent l'hôtel. « J'ai conçu cet hôtel, déclare Hempel, pour changer vos rêves en réalité. » Et si l'une des antiquités du Blakes vous plaît particulièrement, un service particulier vous en proposera une copie conforme. Qu'il s'agisse d'une table Biedermeier, d'un fauteuil en noyer ou d'une table de réunion d'un village du Rajasthan, les copies sont exécutées par les artisans hautement spécialisés de l'équipe d'Anouska Hempel. Elle peut aussi vous dénicher un objet similaire, grâce à un excellent réseau de correspondants antiquaires, et à son flair personnel acquis du temps où elle exerçait cette profession. Cette toute nouvelle conception du service – en général les décorateurs cherchent plutôt à garder leurs bonnes adresses pour eux – est une des raisons qui font la renommée du Blakes.

Créé à la fin des années soixante-dix en réunissant deux maisons victoriennes contiguës dans le quartier de South Kensington, le Blakes est devenu à l'échelle mondiale, le fleuron des hôtels aussi originaux qu'indémodables. À sa collection de chambres extraordinaires, plus ou moins extravagantes s'ajoutent, à plus petite échelle et de façon plus intime, toutes les qualités et les services d'un grand hôtel, ainsi qu'un restaurant indépendant très couru et un bar également très prisé.

Décoré comme « une fumerie d'opium qui aurait appartenu à Coco Chanel » (selon la description mémorable du *Condé Nast Restaurant Guide*), le restaurant, simplement nommé « Blakes », est aussi spectaculaire et inventif que le reste de l'hôtel. Ses murs noirs, ses cuirs vieillis, le bambou et ses coussins à profusion plantent le décor exotique de repas exquis : risotto aux champignons sauvages, blinis Blakes avec caviar Beluga, canard rôti du Setchouan au sel et au poivre ou encore poulet et crabe Fabergé (accouplés en forme d'œuf et

Le Blakes

sertis d'algues). Même inspiration « baroque gypsy universel » pour la cuisine que pour le décor.

En fin de compte, son caractère, le Blakes le doit à la légendaire habileté d'Anouska Hempel pour obtenir tout ce quelle désire. « Elle est comme un général, assure Eleanor Lambert (auteur du *Guide des personnalités les plus élégantes de New York*). Dès qu'elle est réveillée et qu'elle a posé un pied par terre, elle part en campagne ». Actrice, puis antiquaire, styliste, paysagiste, designer, elle a déployé son talent et son imagination partout où cela était possible, y compris dans la décoration du magasin vedette de Vuitton, place Saint-Germain-des-Prés, à Paris, ou celle du quartier général de la BSkyB Television, à Londres ; elle a, par exemple, donné un look tout à fait contemporain à une traditionnelle goélette turque de vint-huit mètres, et créé une série de vingt-sept stylos lancée par Louis Vuitton en 1997. Comme vous le dirait Mario Testino, le célèbre photographe : « Elle en fait davantage en un an que la plupart des gens en une vie. »

Ses projets ? Un hôtel Blakes à Amsterdam (sur un canal, dans un immeuble Empire exceptionnel datant de 1850, avec une charmante cour-jardin) ou encore la décoration d'une penthouse à New York et d'un appartement à Istamboul, sur le Bosphore. Mais son succès a commencé avec le Blakes et ses chambres inventives, chacune d'un style différent : boudoir vénitien (la préférée de Claude Montana) ou pied-à-terre tout blanc pour un Maharaja. Ajoutez à cela qu'elle est aussi propriétaire de cet hôtel. « Si j'ai envie d'un meuble, rien ne peut m'arrêter, même pas son prix particulièrement élevé », dit-elle. Si elle pense réussir une chambre magnifique grâce à ce meuble, elle l'achètera.

Voilà la clé du charme inaltérable du Blakes : une propriétaire incapable d'accepter un compromis… et de rester en place ! L'endroit est d'ailleurs tout sauf figé. Les chambres sont sans cesse repeintes ou redécorées. Dans l'esprit d'Anouska Hempel, elles ne sont jamais finies… comme un beau rêve qui ne peut s'achever.

Adresse : Le Blakes, 33 Roland Gardens, Londres SW7 3PF, Angleterre
Téléphone : (44) 20 7370 6701 - **Fax** : (44) 20 7373 0442
Chambres : à partir de 155 UK£ (suites à partir de 375 UK£)

Le Hempel

Qui d'entre nous n'a pas été séduit par les préceptes de la philosophie zen selon lesquels pour atteindre sérénité et satisfaction, nous devons nous délester du bagage que nous traînons derrière nous à longueur de vie ? Le principe de base est que nous encombrons nos existences de milliers de choses inutiles qui sont un fardeau dont nous devenons bientôt esclaves. Ne possédant rien – ou du moins que le strict nécessaire – nous serions à nouveau libres de jouir de nous-mêmes et de la vie.

L'idée paraît sensée, elle est peut-être même vraie, mais seuls les plus courageux et les plus extrémistes d'entre nous seraient prêts à aller jusqu'au bout et à se défaire de tout ce qu'ils possèdent pour vérifier cette hypothèse. Il paraît plus raisonnable d'aller s'installer quelque temps au Hempel, car cet hôtel vous procure l'occasion de faire une véritable expérience du « minimalisme ».

Le Hempel tient son nom d'Anouska Hempel, énergique designer installée à Londres et connue également sous le nom de lady Weinberg (voir également p. 87). Pour le Hempel, elle a constitué sa propre équipe d'architectes (AH Designs) et travaillé assidûment à leur côté pendant trois épuisantes années. Un hôtel est né : blanc, décontracté, avec de gigantesques espaces vides et un dépouillement tout à fait zen. Situé dans l'alignement de cinq hôtels particuliers Edouard VII, dans le quartier jusque-là négligé mais aujourd'hui en plein développement de Bayswater, au nord de Hyde Park, il incarne l'idée chère à lady Weinberg que, dans une grande ville, l'espace est le luxe suprême.

Mais les hectares d'espaces blancs du Hempel ne rappellent nullement la froideur d'une clinique. Le hall, « plus grand qu'une piscine olympique », selon *Harpers & Queen*, est entièrement dallé de pierre calcaire de Portland. Une série d'ouvertures géométriques laisse passer la lumière chaude du soleil. Le soir, deux très longues, très basses et très horizontales cheminées, sans doute parmi les plus élégantes du monde, dispensent à profusion clarté et chaleur.

La décoration intérieure s'inspire également d'une conception toute orientale de la simplicité. « Voilà dix ans que j'avais envie de créer ce genre d'hôtel, explique Anouska Hempel. Il est le fruit d'un désir de changement radical. » Cependant, bien que le Hempel soit, en effet, radicalement différent du Blakes, ils ont tous les deux en commun un design qui associe l'orient et l'occident. Pour l'influence orientale, citons pêle-mêle une collection de porte-parapluies en acajou de

La bibliothèque, installée dans un coin du hall du Hempel, lieu paisible de méditation.

À l'I-Thaï, la cuisine est un combiné d'italien, de thaï et de japonais ; la présentation en est tout aussi exotique.

Le hall, semblable à un temple avec ses formes géométriques adoucies, est pavé de kilomètres de pierre calcaire.

Des porte-parapluies en acajou de Bombay et un fauteuil de Marc Newson, designer australien.

Fraîches et inventives, les salles de bains ont largement été médiatisées par les magazines de mode et de décoration.

L'I-Thaï bar, petit espace paisible, se cache derrière un imposant écran de verre dépoli à la sableuse.

Le Hempel

Bombay, arrangés avec art de long d'un des vastes murs du hall ; des chars à bœufs indiens qui servent de tables volantes en contrebas, dans un salon à la symétrie ininterrompue, et quatre-vingt-une orchidées en pot délimitant l'espace dévolu à l'entrée. Cette influence est plus présente encore dans l'extraordinaire restaurant de l'hôtel, le I-Thaï.

Le chef, qui vient de l'Oriental, à Bangkok, sait mieux que personne créer une cuisine pleine de fantaisie qui marie sans complexe les saveurs italiennes, thaïes et japonaises. Chaque plat est conçu comme une « maquette d'architecture », et ressemble à une petite sculpture d'une si savante composition que c'est à regret que vous entamez votre plat. Mais le I-Thaï n'est pas seulement un « théâtre végétal », excellant dans l'art de composer des nature mortes dignes de Rubens, Van Dyck ou Rembrandt : la qualité des mets qui sont servis est à la hauteur de leur présentation.

Le jardin de l'hôtel obéit, lui aussi, à la règle minimaliste. C'est un simple carré situé en face de l'entrée de l'hôtel mais dont on jurerait que chaque feuille des arbres a été taillée selon les souhaits d'Anouska Hempel. Des chaises longues de paquebots, en teck et en cuivre, sont installées entre les arbres d'ornement et les bordures de plantes herbacées. En été surtout, ce jardin offre un agrément supplémentaire à l'hôtel.

On prétend que, dans son attachement à régler chaque détail, lady Weinberg frise le fanatisme. Qu'importe puisque le client ne peut que se réjouir de cette inaptitude au compromis.

Dans une chambre, un lit flottant est suspendu au centre de la pièce comme une cage géante ; dans une autre, une baignoire en pierre occupe toute l'embrasure de la fenêtre. Plus extraordinaire encore : dans certaines salles de bains, par la magie de fibres optiques, les robinets deviennent lumineux le soir. Le succès du Hempel vous en convaincra : plus vous sacrifiez de choses, plus il faut devenir exigeant quant à celles qui sont conservées. Esprits faibles, s'abstenir ! *Less is more* (« Le plus, c'est le moins ») : plus d'exigences, plus d'ivresse.

Adresse : Le Hempel, 31–35 Craven Hill Gardens, Londres W2 3EA, Angleterre
Téléphone : (44) 20 7298 9000 - **Fax** : (44) 20 7402 4666
Chambres : à partir de 175 UK£ (suites à partir de 350 UK£)

Le Metropolitan

Le Metropolitan a fait de Park Lane un des endroits les plus décontractés de la ville, c'est du moins ce que déclare un journal de Londres. Au Monopoly (version anglaise, bien sûr), Park Lane est sans doute le quartier le plus cher, mais à la différence de Notting Hill, ses rues ne sont pas particulièrement animées : peu de boutiques, très peu de restaurants et de bars. « Agréable alternative aux pubs enfumés et aux bars à vin mal fréquentés du quartier », le Metropolitan en est le principal pôle d'attraction.

Mais qu'est-ce qui fait le succès du Metropolitan ? Sûrement pas l'impression que l'on en a au premier abord. Ce n'est pas le genre d'endroit à vous couper le souffle d'entrée de jeu… ce qui, d'ailleurs, n'a jamais été son ambition. Le designer Keith Hobbs et son associé Linzi Coppick ont appliqué la recette sobre et raffinée du Clarence de Dublin (voir p. 71) – pour donner au Metropolitan, une « ambiance démocratique branchée ».

L'objectif était double : en faire un lieu convivial pour que les gens du quartier aient envie de venir y prendre un verre ou y dîner, mais aussi et surtout un hôtel pour une clientèle habituée à un certain style de vie.

Mot d'ordre : créer un espace clair, léger et paisible. L'équipe des designers – United Designers – s'est concentrée sur la lumière (d'où les grandes fenêtres), sur la vue (l'hôtel est face à Hyde Park) et l'espace (les chambres sont plus grandes que dans la plupart des hôtels de Londres). Simplicité pour les tissus, les stores et les murs qui tranchent sur le style copies d'ancien et rideaux de chintz que l'on trouve communément à Londres. Mais ici, simplicité ne rime pas avec banalité. On obtient une réalisation tout simplement belle, d'une élégance sans chichis.

Cet hôtel a bien des points communs avec la mode. Normal : la propriétaire en est Christina Ong, installée à Singapour. Outre ses concessions à Donna Karan et Prada, c'est elle qui se cache derrière Armani, à Londres. Voilà justement pourquoi le Metropolitan ressemble à un vêtement du grand couturier.

Sur un cintre, il ne paie pas forcément de mine, mais, porté, c'est une révélation. Tout repose sur la qualité des tissus et le raffinement de la coupe. Ce qui est également vrai de la décoration du Metropolitan. La beauté des matières et des meubles – cuirs spéciaux de Bill Amberg, tapis d'Helen Yardley et chaises inspirées par Frank Lloyd Wright – créent un environnement d'une sobre élégance qui prend vie au contact de ceux qui y habitent. Prenons n'importe quelle chambre, ajoutons-y une

Le soin a tout autant porté sur les innovations électroniques que sur les têtes de lit en chêne faites sur mesure.

Un « plus » pour les joggers : Hyde Park est juste en face du Metropolitan.

Le Nobu, dont l'hôtel est copropriétaire avec Robert de Niro, est le restaurant jumeau du Nobu de TriBeCa, NY.

Dans le hall, tapis clairs dessinés par Helen Yardley sont associés à des antiquités chinoises.

Le Metropolitan est à quelques pas de Bond Street, première destination de shopping à Londres.

Les meubles sont de Bill Amberg, designer londonien spécialiste du cuir, unanimement salué par la critique.

Dans la boutique du hall, des objets pour la maison de Donna Karan et autres trésors inattendus.

Dans les chambres, couleurs subtiles et atténuées, lignes nettes, favorisent un style de vie contemporain.

Derrière la fenêtre, un petit jardin japonais dessiné avec du gravier témoigne du soin apporté au détail.

Horloge monumentale, rare élément décoratif dans un lieu où l'espace est laissé disponible.

Dans cet intérieur blanc, les panneaux en bois d'érable de la réception créent un contraste chaleureux.

Les poignées recouvertes de cuir des meubles faits sur mesure témoignent d'un constant soucis de qualité.

Le Nobu doit son nom au chef Nobuyuki Matsuhisa ; toujours complet, il donne la priorité aux clients de l'hôtel.

Ces chaises, faites sur mesure, ont été inspirées par l'œuvre de l'architecte Frank Lloyd Wright.

Dans une ville où les pubs ferment à 23 heures, le Met est le bar le plus chaud de la vie nocturne à Londres.

Beaucoup de lumière, donc de grandes fenêtres, constitua l'une des données de départ du design.

Au Nobu, on combine la tradition japonaise avec les ingrédients de la cuisine sud-américaine.

Sous une énorme lucarne, la salle du petit déjeuner se dédouble et, le jour, devient salle de conférences.

Le Metropolitan

valise, quelques vêtements posés çà et là, quelques accessoires de voyage et la voilà qui s'anime. En fait, plus vous y ajoutez de fouillis, plus elle est à son avantage. Ce qui est tout le contraire de ce qui se produit dans n'importe quelle suite à la décoration surchargée des hôtels londoniens. Ici, le moindre désordre suffit à transformer le décor si savamment composé en un pitoyable capharnaüm. « Dans le monde actuel, explique Keith Hobbs, l'espace est ce qu'il y a de plus précieux ; nous avons donc voulu créer un espace qui soit aérien… parier résolument sur la lumière et la simplicité. »

Et, pour une fois, la formule « moins, c'est plus » s'applique aussi aux prix : « pas question de n'avoir pour clients que des VIP buvant du Dom Perignon », déclare Hobbs. Les chambres sont dans la moyenne des prix pratiqués à Londres. Au Nobu, restaurant extrêmement couru, l'addition ne dépasse pas non plus les possibilités de la plupart des Londoniens… si toutefois ils peuvent trouver une table. Depuis son ouverture, en 1997, le Nobu est l'établissement le plus en vue de Londres. Il faut s'y prendre très longtemps à l'avance. Les clients de l'hôtel sont, en revanche, dispensés de faire la queue. Au Met bar, incroyablement populaire, on a vu des gens louer une suite rien que pour pouvoir entrer dans ce bar qui, après 18 heures, est réservé aux membres et clients de l'hôtel.

Le Nobu est l'œuvre du maître queux japonais Nobuyuki Matsuhisa, copropriétaire avec Robert de Niro du Nobu de New York, unanimement salué, et propriétaire du restaurant Matsuhisa de Los Angeles. Spécialiste du sushi à Tokyo, il a voyagé en Amérique du Sud avant de créer finalement un restaurant au Pérou, à Lima. Puis il a déménagé en Alaska et de là, à Los Angeles.

De ses voyages il a rapporté une cuisine hautement inventive, combinaisons de plats japonais et d'épices ou de recettes sud-américaines. Au restaurant comme à l'hôtel, le design joue un rôle déterminant : il permet au mode de vie londonien actuel de s'exprimer en toute liberté.

Adresse : Le Metropolitan, Old Park Lane, Londres W1Y 4LB, Angleterre
Téléphone : (44) 20 7447 1000 - **Fax** : (44) 20 7447 1100
Chambres : à partir de 195 UK£ (suites à partir de 385 UK£)

Hôtel Portobello

Au Portobello, vous n'avez pas l'impression d'être à l'hôtel. Plutôt de passage chez une riche tante résidant à Notting Hill et qui adorerait chiner.

Depuis vingt-cinq ans, le Portobello fait figure d'original dans un secteur où la tendance est plutôt à la banalité. D'une certaine façon, on peut le considérer comme l'ancêtre des hôtels « branchés », le premier des *outsiders* excentriques à avoir lancé la mode actuelle des petits hôtels de style original, où la décoration intérieure sort de l'ordinaire, où le personnel est attentif mais discret, où l'accueil et les chambres sont conçus pour que l'on s'y sente chez soi. Dans ce cocon douillet, on est un peu comme à la maison mais l'esprit totalement libéré de toute préoccupation. Créé en 1971 par Johnny Ekperegin et décoré par Julie Hodges, le Portobello est devenu l'un des lieux de séjour les plus appréciés à Londres.

Comme l'a récemment fait remarquer *Newsweek* : « Le Portobello a depuis longtemps découvert que la clé du succès est de mettre l'accent sur ses bizarreries et son style. »

Il n'hésite donc pas à afficher ses excentricités. Les chambres – surprenantes, inventives, confortables et sensuelles – donnent cette impression d'improvisation et de décontraction si recherchée, que d'aucuns jugent typiquement anglaise. Cet improbable mélange de styles attire un méli-mélo tout aussi improbable d'hôtes légendaires : tel Alice Cooper, le rocker vieillissant qui réclamait des souris blanches pour nourrir le python qu'il élevait dans sa baignoire ; ou Tina Turner, qui aima tant cet endroit qu'elle finit par acheter la maison d'à côté.

Certaines chambres du Portobello sont devenues aussi célèbres que les clients eux-mêmes. Prenez, par exemple, la suite de style hippie équipée d'une baignoire d'époque victorienne que son invraisemblable tuyauterie rend particulièrement remarquable.

Cet appareil est composé d'un assemblage merveilleusement excentrique de tuyaux et de robinets de cuivre, relié à une énorme pomme de douche, le tout impeccablement monté sur une baignoire des années 1900 à pieds de griffon. L'objet est déjà suffisamment extraordinaire en lui-même, mais imaginez-le au milieu de la pièce, sur une estrade recouverte d'un damier de marbre noir et blanc, juste derrière un immense lit circulaire placé dans l'arrondi d'une rotonde, et vous commencerez à comprendre pourquoi cette chambre est devenue aussi célèbre. Une autre chambre, quant à elle, abrite un lit à colonnes de style élizabéthain si large et si haut qu'il faut un petit escabeau pour y monter (sans rire). Décoré de nuages, le ciel de lit accentue la sensation de vertige. Et pour ceux d'entre nous qui aiment à se cacher au grenier, deux

Un kilim turc aux couleurs vives en guise de rideau donne un aperçu de la « sensualité ethnique » du Portobello.

Lustres marocains, antiquités victoriennes, mousseline, velours… un chic éclectique et très « rock star ».

L'une des chambres les plus connues, avec son lit circulaire épousant l'arrondi de la fenêtre, donnant sur le parc.

Des baignoires victoriennes complètent l'atmosphère orientale et ténébreuse des combles d'inspiration marocaine.

La chambre « à baldaquin » est célèbre pour son gigantesque lit élizabéthain, où l'on grimpe par un petit escabeau.

C'est sur cette petite grotte incrustée de coquillages que donne le restaurant du rez-de-chaussée.

Hôtel Portobello

véritables appartements marocains se nichent sous les toits. Mystérieux, sombres, avec un charme envoûtant, ils évoquent, à grand renfort de rouges profonds, de tapis superposés et de coussins empilés, l'atmosphère d'une tente berbère. À la différence de la plupart des établissements pour VIP, le Portobello reconnaît qu'« élite » ne rime pas forcément avec richesse. Aussi, dans un esprit démocratique, propose-t-il des chambres à des prix raisonnables. Si les *single* (désignées sous le vocable inquiétant de « cabines ») n'ont pas vraiment de place à revendre, leur conception et la décoration n'en sont pas moins inventives. Équipée d'un lit de campagne aux drapés extravagants, une telle cabine n'aurait sans doute pas déplu à Napoléon pour y passer une nuit. Un esprit moins romantique pourrait y voir un simple lit de camp coincé dans un cagibi : mais qu'importe le flacon pourvu qu'on ait l'ivresse du quartier le plus branché de Londres.

C'est ici au cœur de Notting Hill que se déroule tous les ans le plus grand carnaval de rue d'Europe. Au Portobello, vous n'êtes qu'à quelques pas du fameux et très animé marché des antiquités de Portobello et du secteur commerçant le plus branché de Westbourne Grove, réunissant quelques-unes des boutiques les plus novatrices et les plus célèbres du tout Londres, sans parler des bars, cafés et restaurants. C'est ici, dans ce quartier, que vous ressentirez le mieux ce goût si particulier de la vie londonienne dont raffole la presse internationale. Que vous soyez à la recherche d'antiquités, de vêtements millésimés, ou que vous vouliez tout simplement faire vos courses et observer les passants, Notting Hill tient à la fois de l'île aux trésors et du défilé de rue. C'est aussi un lieu prisé des gourmets aventureux. La cuisine londonienne a changé du tout au tout depuis l'époque où, pour conclure une longue soirée passée au pub, vous n'aviez guère qu'un méchant curry à vous mettre sous la dent.

La plus grande métropole d'Europe propose désormais une cuisine inventive, parmi les meilleures du monde, et les restaurants de Notting Hill sont particulièrement réputés. Comme dans toutes les grandes villes, les lieux à la mode changent (moins vite cependant qu'à New York) ; faites donc confiance au personnel du Portobello pour vous indiquer les meilleures adresses du moment.

Adresse : Hôtel Portobello, 22 Stanley Gardens, Londres W11 2NG, Angleterre
Téléphone : (44) 20 7727 2777 - **Fax** : (44) 20 7792 9641
Chambres : à partir de 100 UK£ (suites à partir de 185 UK£)

Château Marmont

Le Château Marmont est une légende. Prenez un nom, celui de n'importe quelle célébrité du showbiz, acteur de cinéma, chanteur ou star de la télévision, d'hier ou d'aujourd'hui, et vous pouvez être certain qu'un scandale ou qu'une pittoresque anecdote le lie au Château Marmont.

C'est là que Paul Newman rencontra sa femme, Joanne Woodward ; là que Jean Harlow eut une liaison scandaleuse avec Clark Gable avant même la fin de sa lune de miel avec le cameraman Harold Rosson ; là que le réalisateur Billy Wilder préféra dormir dans une baignoire plutôt que de s'abaisser à loger ailleurs ; là que Jim Morrison, des Doors, ivre mort, sauta du toit d'un bungalow en bordure de piscine ; là qu'un vrai dur comme Robert Mitchum fut photographié en tablier, en train de faire la vaisselle ; et là que John Belushi mourut tragiquement d'une overdose d'héroïne et de cocaïne.

Sur Sunset Boulevard, le Château Marmont est, depuis le début des années trente, une institution hollywoodienne. À la différence du Garden of Allah, du Trocadéro, du Mocambo, du drugstore Schwab's et de tant d'autres lieux de rendez-vous des stars qui ont disparu du célèbre boulevard, le Marmont est toujours là. Il suffit d'en citer le nom à un ancien d'Hollywood pour que ses yeux brillent comme s'il parlait d'un vieil oncle incorrigible, mais charmant, qui scandalisa (et secrètement ravit) la famille par ses exploits outranciers.

Le piège, lorsque l'on est devenu une légende, c'est de ne plus vivre avec son temps. Mais rien de tel au Marmont. Le Château a su se moderniser sans pour autant perdre ce qui faisait son charme. Ce difficile équilibre à trouver entre ce qui devait être conservé ou rénové est l'œuvre du New-Yorkais André Balazs, directeur de divers nightclubs, hôtels et restaurants. En achetant cette célèbre propriété à Los Angeles, en 1991, André Balasz avait tout à fait conscience de cette réalité prosaïque, qu'un hôtel doit se moderniser et évoluer, ou courir le risque de voir sa clientèle diminuer comme une peau de chagrin. Ce qui, en termes commerciaux, signerait inéluctablement son arrêt de mort. Parallèlement, il avait aussi à faire face aux pressions d'un groupe d'inconditionnels (comme le photographe Helmut Newton) qui ne voulaient en rien renoncer au passé de l'hôtel.

Ainsi, gardant à l'esprit les conseils des adeptes du lieu, décida-t-il de moderniser, mais de façon aussi peu perceptible que possible. La tâche était loin d'être aisée. André Balazs rejeta trois projets différents avant d'opter finalement pour les talents conjugués de l'architecte d'intérieur Fernando Santangelo et de la

Les lampes du Château Marmont reflètent le penchant de l'architecte d'intérieur Fernando Santangelo pour le théâtre.

Le hall est très apprécié des acteurs convoqués à l'hôtel pour la lecture d'un scénario.

Dans l'une des cours, une fontaine inspirée par le château d'Amboise, sur la Loire.

Les proportions généreuses des pièces rappellent que le bâtiment devait à l'origine abriter des appartements de luxe.

Inclassable, la décoration intemporelle du salon répond aux dimensions de cette pièce aux poutres apparentes.

Dans la mesure du possible, les salles de bains, soigneusement restaurées, ont préservé leur décor des années trente.

Dans les cabines téléphoniques « années trente », des photos en noir et blanc racontent le passé légendaire de l'hôtel.

Chiné par Shawn Hausman, le mobilier « quarante » restitue une ambiance hollywoodienne.

Bien que situé sur Sunset Boulevard, le Château Marmont donne de tous côtés sur la verdure.

L'ambiance vaguement années quarante des suites nouvellement rénovées convient bien au millésime de l'hôtel.

Prévu pour une vingtaine de personnes au maximum, ce restaurant intime sert une cuisine franco-californienne.

La cour à colonnade est fort prisée à l'heure du petit déjeuner ou du café, voire pour un verre en fin d'après-midi.

Contrastant avec les chambres, le salon est volontairement sombre, ténébreux et gothique.

Le linge brodé par Frette témoigne du soin apporté aux détails : la célébrité de l'hôtel n'est pas son seul atout.

Ajout récent, l'équipement sportif se dissimule dans les combles, spacieux et climatisés.

Loin de l'ambiance sombre et chargée des espaces communs, les chambres sont claires dans le style « quarante ».

Les formes gothiques s'accordent bien à la garde-robe chic, noire et simple, que privilégie la clientèle.

Gothique, gothique, gothique… sous ses apparences décontractées, le Marmont soigne jusqu'aux moindres détails.

Château Marmont

scénographe Shawn Hausman. Il obtint le résultat désiré : le Marmont est tel qu'on s'imagine qu'il a toujours été. Le nouveau décor a su créer l'illusion (quoi de plus normal à Hollywood ?), l'illusion que rien n'a changé.

Et l'on y croit, sans aucune arrière-pensée. Les habitués de l'hôtel n'envisageraient toujours pas d'aller ailleurs (appréciant sans doute quelques vrais changements comme le service dans les chambres, que ne proposait pas l'ancien Marmont, ou un standard téléphonique efficace, bien loin des caprices de l'ancien). Et les nouveaux clients sont doublement attirés par le chic années quarante de la décoration, et une réputation demeurée intacte.

Le Château Marmont doit probablement son charme au fait qu'il n'a jamais été conçu comme un hôtel. Bâti dans les années vingt, à l'image du château d'Amboise, sur la Loire, mais compte tenu de son implantation géographique, de façon à résister aux tremblements de terre (les fondations reposent à même la roche), le Marmont devait à l'origine abriter des appartements, d'où les généreuses proportions des pièces et leur distribution. C'est peut-être une des raisons pour lesquelles certains clients, qui apprécient particulièrement les pièces spacieuses, n'hésitent pas à réserver des mois à l'avance. Robert de Niro a occupé pendant deux ans la suite avec terrasse. Quant à Keanu Reeves, il préférait à tout pied-à-terre à Los Angeles, le confort du Marmont. Dernière célébrité à y avoir pris ses quartiers : l'écrivain Dominick Dunne, qui s'y est installé pour toute la durée du procès de O. J. Simpson, qu'il couvrait pour *Vanity Fair*.

Dans la meilleure tradition hollywoodienne, le Château Marmont est un de ces endroits où l'on peut rester enfermé dans sa chambre pendant plusieurs semaines d'affilée, sans susciter la moindre remarque. Le service en chambres est donc particulièrement sollicité.

En fait, les hôtes quittent si rarement leur chambre que le hall, la terrasse et la salle à manger sont rarement bondés : un agrément de plus pour ceux qui, peut-être moins célèbres, ne rêvent pas de vivre cloîtrés. Quelles que soient vos raisons pour apprécier le Marmont, une chose est sûre : c'est une légende hollywoodienne qui résiste à l'épreuve de la réalité.

Adresse : Château Marmont, 8221 Sunset boulevard, Hollywood, CA 90046, USA
Téléphone : (1) 323 656 10 10 ou (1) 800 CHATEAU - **Fax** : (1) 323 655 53 11 - **N° vert** : 001 880 242 83 28
Chambres : à partir de 210 US$ (suites à partir de 415 US$)

Le Mondrian

Grand, fastueux, snob et envahi de stars, le Mondrian est typique de Los Angeles. Petit dernier de la collection d'hôtels extraordinaires d'Ian Schrager, cet établissement qui signe sa quatrième collaboration avec Philippe Starck, architecte d'intérieur vedette, est tout à fait dans l'esprit « décapotable et lunettes noires » de Los Angeles.

Dominant la ville depuis l'inévitable Sunset Boulevard, le Mondrian illustre à lui seul tous les clichés d'Hollywood. À commencer par la piscine : pas très grande, à vrai dire, conçue pour faire trempette plutôt que pour nager, mais dotée d'une immense terrasse et d'un mobilier original qui lui assurent un vrai succès.

Qui d'autre que Philippe Starck aurait pu placer autour de la piscine des bergères en osier drapées de sarongs aux couleurs vives ? C'est en quelque sorte un salon à ciel ouvert. On pourrait se croire dans *Melrose Place*, avec plus d'espace, une décoration raffinée et des dialogues plus inspirés.

Tout ce qu'il vous faut pour faire partie du décor, ce sont des lunettes de soleil, un sarong et la clé de votre chambre (sinon, comment montrer que, oui, vous logez réellement sur place et ne vous contentez pas de traîner au bord de la piscine, comme tant de top-models autour de vous ?).

De manière générale, le mot d'ordre au Mondrian est « voir et être vu ». Mais si vous ne voulez pas que l'on vous dévisage pendant que vous déjeunez, le restaurant de l'hôtel, le Coco Pazzo, garantit votre tranquillité d'une façon typiquement Starck, en cachant les tables derrière une sage rangée de pots en terre cuite… de deux mètres cinquante de haut : de véritables monstres kitsch, plantés de lauriers qui dispensent une ombre bienvenue.

Le soir, si l'envie d'être vu vous reprend, vous trouverez au Mondrian le bar le plus coté de la ville, le Sky Bar. À mi-chemin entre la cabane du fond des bois et le club de plage de Bali, cette insolite annexe en plein air est tout simplement incontournable… à condition de pouvoir y entrer. Si vous n'êtes pas une star, bonne chance ! En revanche, résider sur place vous permet toutes sortes de rencontres : c'est là un avantage considérable. N'oubliez donc surtout pas cette fameuse clé.

Bizarre mais divertissant, le spectacle est garanti cent pour cent Hollywood. Quand vous n'en pourrez plus, les chambres vous offriront une retraite parfaite. Ces vastes espaces blancs (exception faite d'une petite touche de vert ou d'un tapis gris perle), immaculés, tiennent de la maison de bord de mer, évoquant davantage un appartement à Malibu qu'un hôtel. Elles ont récemment été élues meilleures chambres au

Au Mondrian on peut quasiment tout acheter, du mobilier des chambres aux orchidées en pot.

Vivez LA et mangez sain ! Au bar, les coupes de fruits frais sont regarnies tout au long de la journée.

La décoration multiplie les pots en terre cuite, alternative agréable aux sempiternels parasols.

Les chambres, vastes et lumineuses, comprennent une véritable cuisine-coin repas et un séjour.

Aussi incroyable que cela paraisse, voici est la réception. Une table vous attend pour planifier vos déplacements.

En dépit de ses dimensions modestes, la piscine offre des vues spectaculaires sur Los Angeles.

L'environnement lisse et contemporain du hall comporte quelques détails insolites, comme cette immense bûche.

Le restaurant du Mondrian, le Coco Pazzo, est une réplique fidèle de son homologue new-yorkais.

Le blanc n'est agréable que lorsque le linge de lit, comme ici, est impeccablement propre et repassé.

Dans le hall, ce recoin capitonné réservé aux conversations intimes est du pur Philippe Starck.

Une armoire mobile abrite le bar du hall, s'ouvrant la nuit pour dispenser les cocktails.

Annexe indépendante, le Sky Bar donne sur la piscine. C'est l'un des lieux les plus cotés de Los Angeles.

Attenante à la piscine, la salle de sport réunit appareils de musculation, saunas et tapis de course.

Amusants et pratiques, les énormes pots en terre cuite de Starck abritent à la fois du soleil et des regards.

L'ameublement des parties communes : bergères couvertes de saris, tabourets chinois, vieux téléphones en Bakélite.

Des bergères en osier drapées de sarongs aux couleurs vives remplacent les habituels fauteuils relax en plastique.

Les clients du Mondrian apprécient son bar très lumineux pour un petit déjeuner décontracté mais stylé.

La plage entourant la piscine fonctionne comme le bar d'un hôtel : c'est l'endroit idéal pour flâner et rencontrer les gens.

Le Mondrian

monde par le magazine *Wallpaper*. Il faut dire qu'elles sont non seulement équipées d'une cuisine et d'un charmant coin repas, mais que quelqu'un a fait les courses pour vous. Le mini-bar s'est transformé en mini-traiteur, approvisionné pour une semaine au moins. Vous avez sans doute déjà remarqué ces petites notes sur bristol vous invitant poliment à acheter le peignoir qui vous plaît tant…

Le Mondrian, lui, vous suggère d'acheter tout ce que contient votre chambre. Un catalogue est mis à votre disposition, aussi détaillé qu'un inventaire de police d'assurance. Du tire-bouchon à l'orchidée en pot, des chaises aux assiettes, en passant par les coussins, crayons et tasses, tout y figure, avec son prix. Me trouvant invité, en ville, à un déjeuner d'anniversaire, j'avoue que la jolie petite orchidée dans son traditionnel pot de terre cuite m'a semblé constituer un cadeau idéal. Qui aurait pu deviner que cette brillante idée était celle de l'hôtel, et non la mienne ?

Le Mondrian est assurément un hôtel pour sybarites. Élégance très design, palette de blancs, de beiges et d'écrus savamment associés, il dispose bien sûr des ressources nécessaires pour satisfaire aux exigences de l'homme d'affaires tout en offrant le cadre charmant d'un lieu de villégiature. À l'instar de Miami, Barcelone ou Sydney, Los Angeles fait partie des villes où le beau temps figure au premier plan des attentes des clients. Un hôtel sans piscine à Londres, qui s'en soucie ? Mais à Los Angeles, ce serait proprement inconcevable. Or c'est bien à contenter les moindres caprices de leurs clients, qu'excellent Schrager et Starck.

Suivant cette nouvelle tendance lancée par Schrager au Royalton et au Paramount, le restaurant (Coco Pazzo) et le bar (Sky Bar) sont sous-traités à des opérateurs indépendants, de même que les concessions pour la vente des journaux et magazines. Cette initiative originale assure à l'hôtel la fréquentation d'une large clientèle locale qui s'ajoute aux hôtes de passage. En fin de compte, c'est ce qui fait de cet hôtel, comme l'assure Schrager, « le night-club des années quatre-vingt-dix ».

Adresse : Le Mondrian, 8440 Sunset boulevard, West Hollywood CA 90059, USA
Téléphone : (1) 323 650 89 99 - **Fax** : (1) 323 650 52 15
Chambres : à partir de 250 US$ (suites à partir de 400 US$)

L'Adelphi

Si vous levez les yeux en vous promenant sur Flinders Lane, en plein centre de Melbourne, vous pourrez surprendre un des spectacles les plus étranges que l'on puisse imaginer : des nageurs en pleine action, huit étages au-dessus de votre tête. La vue est peut-être plus saisissante encore pour les baigneurs, lorsqu'arrivés en bout de bassin ils surplombent taxis et camions.

Faut-il le dire, cette piscine en encorbellement, unique en son genre, a beaucoup fait parler d'elle depuis l'inauguration de l'Adelphi, en 1992. Mais il serait injuste de la considérer comme un simple gadget destiné à attirer l'attention. En fait, ce bassin suspendu tout en longueur, au fond translucide, est à l'image de l'hôtel tout entier : audacieux et non conformiste. Mobilier, accessoires, design… rien, à l'Adelphi, qui ne révèle la moindre once de compromission. En phase avec son temps, c'est un hôtel dont le style et le design progressistes semblent vous suggérer d'aller voir ailleurs si cela ne vous plaît pas.

Un lieu aussi agressivement branché surprendra peut-être ceux qui ne connaissent pas Melbourne. C'est une ville qui multiplie les cafés géniaux, les bons restaurants, les bars tendance et les night-clubs dernier cri aménagés par des architectes d'intérieur talentueux. Le design y est partout au premier plan. À Melbourne, la communauté des artistes et des architectes se porte bien, et cela se voit.

Comme c'est le cas pour l'Adelphi, lorsque les propriétaires des lieux en sont aussi les architectes, ça aide. La Denton Corker Marshall qui regroupe, au sein de son agence de Melbourne, les trois architectes John Denton, Bill Corker et Barrie Marshall, est l'un des cabinets d'architectes qui marchent le mieux en Orient. Avec des succursales à Sydney, Jakarta, Hong-Kong, Londres, Varsovie, Hô Chi Minh-Ville et Tokyo, DCM a à son actif quelques-unes des réalisations architecturales les plus importantes et les plus novatrices d'Asie, dont les ambassades d'Australie à Tokyo et à Pékin, plusieurs fois primées. L'agence a su croître sans pour autant perdre son âme. Toujours à l'écoute de son temps, elle voue au design une passion que reflète ce projet particulier, où elle défend ses conceptions à ses risques et périls.

Dans cette opération, DCM, à la fois architecte et client, a pu librement inventer l'espace et créer l'ameublement. Et l'agence n'a pas ménagé ses efforts pour traduire dans la décoration intérieure ses principes architecturaux. Les chambres sont élégantes et dépouillées ; le parallélépipède noir du lit se détache à peine de la moquette noire. Les tables de chevet sont de simples plaques d'inox

La réussite du design DCM tient à cette impression trompeuse de remarquable simplicité.

Seuls quelques meubles asymétriques dessinés par les architectes eux-mêmes rompent le dépouillement zen.

« Pourquoi tout ce bruit ? s'étonne Marshall ; la piscine ne dépasse que d'un mètre et demi ». Certes, mais au 8ᵉ étage.

Les propriétaires, étant aussi designers, mettent à votre disposition moulin à poivre et salière signés Ettore Sottsass.

Avec leur sols de granit chinois poli et leurs vasques en inox, les salles de bains affichent un absolu minimalisme.

Linge de lit et stores bateau blancs : une telle simplicité a quelque chose d'indéniablement sensuel.

En bout de piscine, le Roof Club de l'Adelphi est un bar réservé aux adhérents. Très couru en fin de soirée.

Des photographies d'architecture de John Gollings suspendues ponctuent l'intérieur du restaurant.

Béton poli, angles intersectés et blanc à profusion : tel se présente l'espace architectural du restaurant.

Les têtes de lit sont la sobriété même : panneau de fibres plaqué frêne et chevets en inox.

Des plans de couleurs vives, qui s'entrecoupent, dessinent les contours et le fond translucide de la piscine.

Sur le toit, la plage est l'un des lieux de l'Adelphi où il fait bon flâner, surtout si l'on est amateur de soleil.

C'est au café de l'Adelphi, en sous-sol, que l'on sert, au petit déjeuner, le plus exquis café au lait de la ville.

L'Adelphi est situé sur Flinders Lane, où se côtoient les meilleures galeries d'art de Melbourne.

Rien ne pouvait mieux convenir au style dépouillé des architectes que cet ancien entrepôt en centre-ville.

Qui s'attendrait à trouver dans Melbourne un entrepôt urbain réaménagé ?

Même les chaises du restaurant ont été dessinées par Denton, Corker et Marshall, architectes et propriétaires.

Une cloison en verre sablé et quelques pitons en inox où suspendre son peignoir.

L'Adelphi

satiné accrochées à la cloison. Rien ne vient interrompre la continuité des murs blancs à l'exception d'un unique canapé en cuir multicolore, aux lignes angulaires et abstraites. Les salles de bains ont encore plus de force. Le sol en granit noir de Chine, associé à une longue tablette en inox très lisse, incurvée en son centre pour former une vasque, est la simplicité même, un espace zen où se doucher et se raser. Rien dans tout l'hôtel, pas même les poignées de porte, qui ne soit né sur les planches à dessin de DCM. Ni le café-restaurant tout blanc au bas de l'immeuble, ni le bar tout noir sur le toit, ne ressemblent à quelque chose de déjà vu. C'est du bar de l'hôtel, ouvert seulement en soirée, que l'on a la plus belle vue sur Melbourne. L'intérieur intégralement noir – sol en latex, sièges de cuir, murs noirs – ne fait qu'accentuer la perspective. Situé à l'entresol, les fenêtres au niveau de la rue, le café-restaurant est au contraire intégralement blanc, avec ses chaises originales de Nylon blanc réalisées sur commande. L'atmosphère est adoucie par le gris très clair du sol de béton blanchi, tandis que des tringles métalliques vivement colorées structurent l'espace selon un concept typiquement DCM. Aussi inattendu que cela puisse être, la table est tout aussi raffinée que le design. Le café-restaurant de l'Adelphi est l'une des très rares adresses de Melbourne à s'être vu accorder trois toques (équivalent des étoiles du guide *Michelin*) par le quotidien le plus reconnu de la ville, *The Age*.

Depuis, le lieu ne désemplit pas de huit heures du matin à minuit. Attrait supplémentaire de l'hôtel, l'Adelphi jouit du meilleur emplacement de la ville. Situé sur l'artère la plus avant-gardiste de Melbourne (toutes les grandes galeries d'art s'y côtoient), il est à deux pas des principaux théâtres et night-clubs, mais aussi de Bourke Street, la meilleure rue commerçante de la ville. Il arrive certes qu'un hôte se cogne les tibias contre les chevets en inox, mais c'est la seule objection qui pourrait être faite à ce design pur et dur. De toute façon, mieux vaut souffrir de quelques bleus que de mourir d'ennui.

Adresse : L'Adelphi, 187 Flinders Lane, Melbourne, Victoria 3000, Australie
Téléphone : (61) 3 9650 75 55 - **Fax** : (61) 3 9650 27 10
Chambres : à partir de 200 AU$ (suites à partir de 350 AU$)

Le Prince of Wales

De toutes les métropoles situées en bordure du Pacifique, Melbourne reste sans doute la plus énigmatique.

C'est la ville des jeux Olympiques de 1956, de l'Open de tennis australien, mais à part cela, qu'en sait-on ? Bien peu de choses, pour la plupart d'entre nous.

Du coup, nous découvrons la ville sans idées préconçues. Moins idyllique d'aspect que Sydney et sa magnifique implantation portuaire, la deuxième ville d'Australie a toujours dû compenser son manque d'attrait géographique par son tempérament. Si Sydney est plus belle, Melbourne a plus de punch.

C'est aussi la deuxième ville grecque au monde, après Athènes ! Avec plus d'un million de citoyens d'origine grecque, Melbourne est imprégnée de culture méditerranéenne.

C'est sans doute pourquoi les plaisirs de la table y sont pris tellement au sérieux.

La qualité du vin, des légumes ou des fruits sont des sujets qui préoccupent les habitants qui ont aussi un goût certain pour… le design. Lorsqu'on prétend soigner le goût, il faut aussi soigner l'apparence, et inversement.

La présentation importe autant que le plat. Et personne n'a mieux tiré profit de cet adage que le restaurateur John Van Haandel.

Il y a dix ans, il reprenait un snack de plage délabré pour en faire l'un des restaurants les plus courus du pays, le Stokehouse. Il sut attirer tous les amateurs de bonne chère, et pas seulement les habitués des grandes tables.

À l'étage, le restaurant dont la décoration s'inspire de Gauguin est devenu la vitrine des plus grands chefs de tout l'hémisphère Sud, tandis qu'au rez-de-chaussée, une brasserie propose des plats méditerranéens simples et à prix raisonnables.

Mais Van Haandel n'est pas seul à avoir pris conscience du potentiel de St Kilda, autrefois mal famé et à l'abandon. Comme South Beach à Miami, ce quartier en bordure de mer abritait jadis des ivrognes et des drogués ainsi que quelques rares artistes ou architectes intrépides, attirés par une irrésistible collection de maisons victoriennes les pieds dans l'eau.

Au cours des quinze dernières années, bars élégants, clubs en vogue et restaurants chic ont peu à peu investi les lieux, faisant de St Kilda l'un des quartiers les plus vivants de la ville. Bientôt, l'idée d'un hôtel s'est imposée, et Van Haandel a devancé tout le monde, avec brio.

Le Prince of Wales est situé à l'emplacement d'un ancien pub d'ouvriers, sur Fitzroy Street, la principale artère menant à la plage (l'équivalent melbournien d'Ocean Drive à Miami). Alors que sa façade évoque un classique pub australien, l'intérieur est le reflet parfait du tout nouveau goût australien : un

Le Prince of Wales

mélange sophistiqué d'esprit méditerranéen et d'influence asiatique. L'ameublement de base, dans le style des « années soixante », du styliste australien Grant Featherstone, s'enrichit de soie thaïe, de lampes inspirées de Noguchi et de meubles minimalistes signés par de jeunes designers locaux.

Quant à l'architecte chargé du projet, Alan Powell, personne ne pouvait être plus au fait des tendances actuelles : il a été l'un des premiers à emménager dans ce secteur à l'époque où celui-ci était encore délaissé.

Ses nombreux chantiers (restaurants et bars exclusivement) lui ont été autant d'occasions d'affiner son approche d'un quartier en passe d'être le plus branché de tout Melbourne.

À quelques pas de la plage (pas de baie à Melbourne, hélas, donc pas de surf), et guère plus loin de l'Albert Park où se déroule le Grand Prix australien, le quartier de St Kilda est très fréquenté pendant le week-end, que ce soit pour prendre un café, pour déjeuner ou pour un simple verre entre amis. Et le lieu le plus branché, avec le bar le plus coté et le restaurant dont tout le monde parle, c'est le Prince of Wales. Très novateur, son bar, le Mink, a fait de la vodka sa spécialité : il propose quarante-trois marques différentes qui font partie du design intérieur tout autant que le mobilier.

Le Mink, qui monopolise actuellement la rubrique de l'actualité branchée dans les journaux australiens, est probablement l'un des bars implantés en ville les plus originaux.

Il est à des années lumière de ces pubs australiens des décennies cinquante et soixante, où la règle consistait à ingurgiter le maximum en un minimum de temps avant la fermeture.

Si le bar est pourpre, de la couleur du baroque russe, le restaurant, comme les chambres, montre plus de retenue : une simple touche de couleur orientale ici ou là, et une belle collection de meubles contemporains de facture australienne.

À l'instar de Barcelone, Miami ou Sydney, Melbourne compte désormais parmi les rares capitales à offrir le meilleur des deux mondes balnéaire et urbain.

Adresse : Le Prince of Wales, 2B Acland street, St Kilda, Melbourne, Australie
Téléphone : (61) 3 9536 1111 - **Fax** : (61) 3 9536 1100
Chambres : à partir de 185 AU$

Hôtel Astor

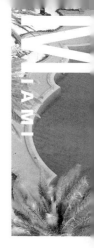

Mettez cela sur le compte de l'âge, de la vanité, de la couche d'ozone ou des trois à la fois, mais un nombre croissant de visiteurs ne viennent pas à Miami pour la plage. Il peut leur arriver de s'installer près de la piscine avec un livre, mais se faire rôtir au soleil au bord de la mer n'est pas à leur programme. Il y a tellement mieux à faire.

Au début des années quatre-vingt, une poignée de créatifs redécouvre l'héritage Art déco plutôt délabré d'Ocean Drive, dans un des secteurs alors les plus dégradés et les plus dangereux de Miami ; depuis, ce quartier de South Beach connaît une renaissance d'une amplitude sans équivalent dans aucune autre ville des États-Unis. Grâce à l'influence de la série télévisée *Miami Vice* (*Deux flics à Miami*), d'un nouvel aéroport international et des réalisations urbaines gigantesques de l'agence d'architectes Architectonia, ce qui n'était alors qu'un terrain vague est devenu, en une décennie, l'une des villes les plus intéressantes d'Amérique. Attirées par le climat et par une ambiance indéniablement latine, les hordes branchées de New York et autres villes du Nord envahissent désormais régulièrement Miami.

Bon côté de cette soudaine vogue: la prolifération des restaurants et bars où prendre un verre. Comme dans beaucoup de grandes villes, le tiercé gagnant se modifie fréquemment. Mais s'il y a un point sur lequel presque tout le monde s'accorde, y compris le *New York Times*, *Vogue* et *Forbes*, c'est que l'Astor Place est l'un des meilleurs, sinon le meilleur restaurant de South Beach.

Installé dans un magnifique atrium d'inspiration Art déco, conçu par Morris Nathanson, célèbre architecte d'intérieur spécialisé dans l'aménagement de restaurants, l'Astor bénéficie des talents du chef Johnny Vinczencz. La cuisine, « Nouvelle Floride » selon les uns, « cowboy des Caraïbes » selon les autres, ne manque certes pas d'invention, sans pour autant tomber dans la confusion. Ma spécialité préférée ? Les crêpes aux champignons sauvages : des crêpes au babeurre garnies de champignons Portobello, nappées d'une réduction de vinaigre balsamique et d'un coulis de tomates séchées.

Mitchell Owens, critique au *New York Times*, attribue le succès de l'hôtel à la qualité de sa table, et il a sans doute raison. Mais l'Astor n'en a pas moins d'autres atouts. Depuis qu'il a racheté la carcasse délabrée et miteuse, mais aux lignes épurées, de cet hôtel Art déco de 1936, Karim Masri – ancien banquier d'affaires d'origine libanaise ayant fait ses études à Paris – n'a reculé devant rien pour créer un environnement lisse et élégant, dont la discrétion est digne des hôtels les plus

Hôtel Astor

prestigieux. Résultat : un lieu qui, selon les décorateurs Patrick Kennedy et Peter Page, « se veut avant tout confortable, bien conçu et romantique, et non une profession de foi du design ». Décrit par la revue américaine *Vogue* comme faisant preuve « d'une merveilleuse retenue », le style épuré de l'Astor révèle non seulement une attention aux « détails luxueux » mais crée un lieu imperméable aux caprices de la mode. Avec leurs fauteuils houssés de toile belge, leurs tons sable et beige, et leurs menuiseries réalisées par les Chantiers Baudet, spécialistes français du travail du bois en milieu naval (qui ont aussi agencé les boutiques Barneys à New York), les quarante chambres présentent un heureux compromis entre le yacht de luxe et la boutique Armani. On doute que cet hôtel ait pu être un des hauts lieux du crack, il y a tout juste dix ans.

Le quartier alentour a lui aussi subi une cure de jouvence. Sur le trottoir d'en face, on trouve le musée récemment ouvert par la Wolfsonian Foundation. Aménagé dans un ancien entrepôt de meubles exotiques de 1926, s'inspirant, aussi incroyable que cela puisse paraître, d'une bibliothèque de Salamanque du XVIe siècle, ce musée accueille une des plus riches collections au monde d'art décoratif, architectural, graphique ou de propagande de la fin du XIXe et du début du XXe siècle.

Son exposition inaugurale, intitulée « Les Arts de la réforme et de la persuasion, 1885-1945 », a remporté un tel succès que le musée se trouve désormais dans l'enviable situation de pouvoir faire tourner son exposition à l'étranger. Pas question pour les autres musées de South Beach d'être en reste : le Bass Museum of Art a ainsi annoncé qu'il envisageait de doubler la surface de son palais Art déco, sur Lincoln Road, grâce à une extension conçue par Arata Isozaki dont le coût s'élèvera à huit millions de dollars.

Et de penser qu'il y a vingt ans à peine les autorités estimaient que, pour donner un second souffle à la ville, le mieux était d'abattre les anciens bâtiments Art déco et de les remplacer par des gratte-ciel abritant des hôtels-casinos…

Adresse : Hôtel Astor, 956 Washington avenue, Miami Beach, FL 33139, USA
Téléphone : (1) 305 531 80 81 ou (1) 800 270 49 81 - **Fax** : (1) 305 531 31 93
Chambres : à partir de 145 US$ (suites à partir de 320 US$)

Le Marlin

Depuis sa restauration, le Marlin associe à un style futuriste excentrique de grandes touches de couleurs caraïbes, en une conception d'ensemble qui rappelle curieusement un film de 1962, *James Bond 007 contre Docteur No*. Et ce lien existe, bizarrement. Ian Fleming, créateur de James Bond, possédait à la Jamaïque une propriété baptisée « Goldeneye ». Récemment, cette maison a été rachetée par le fondateur des disques Island, Chris Blackwell, qui se trouve être également l'heureux propriétaire d'une série d'hôtels de luxe à South Beach (voir p. 149), et notamment du Marlin.

Dans le film, Docteur No est ce scientifique fou doublé d'un criminel de génie qui s'est bâti une mystérieuse retraite sur un îlot des Caraïbes, d'où il compte tenir le monde en otage en menaçant d'utiliser des armes de destruction totale. (Vous ne devinerez jamais qui l'en empêche.) Mais Docteur No n'est pas seulement diaboliquement fou ; il a aussi beaucoup de classe.

Une revue comme *Wallpaper* serait prête à tout pour avoir une « turne » comme la sienne : un fascinant laboratoire futuriste aux immenses murs en inox, avec une multitude d'écrans d'ordinateurs (sacrément en avance pour 1962), des voyants lumineux par milliers, un mobilier sobre et monochrome, une grotte aux murs dépouillés, et des filles en kimono de soie qui passent leur temps à disparaître derrière de gigantesques portes coulissantes.

Le nouvel hôtel Marlin pourrait presque être le pied-à-terre de Docteur No à Miami. Dans le style futuriste du hall, on retrouve l'inox rutilant, les écrans d'ordinateurs se sont transformés en téléviseurs géants, réglés en permanence sur MTV. Et les chambres, avec leur mobilier intégré, leurs murs arrondis et leur palette monochrome, évoquent le repaire de Docteur No.

Pas de portes automatiques coulissant sans effort, hélas, mais les hôtes du Marlin ont néanmoins droit à toutes sortes de télécommandes contrôlant le magnétoscope, la chaîne hi-fi et la webtélévision, dernier cri technologique qui leur permet d'accéder à Internet et de disposer d'une adresse pour leur courrier électronique.

La décoratrice responsable de cet univers fantasmagorique semble elle-même tout droit sortie d'un film de James Bond. Vêtue de noir, Barbara Hulanicki, avec ses cheveux argentés et ses larges lunettes noires, n'en est pas à son premier coup d'éclat.

C'est à elle que l'on doit Biba, ce légendaire grand magasin londonien, aujourd'hui disparu, où des stars du glam rock comme David Bowie ou Elton John trouvaient autrefois leurs

Le Marlin

chaussures à semelles compensées argentées ou leurs T-shirts en Lurex rose.

Un réel effort d'originalité a été fait. À quoi bon, par exemple, une chaîne hi-fi dans chaque chambre s'il n'y a rien à écouter ? Chance : l'hôtel appartient à l'ancien propriétaire d'une maison de disques. Chaque chaîne est accompagnée d'une collection originale de CD neufs (disponibles à la vente si vous ne pouvez plus vous en passer), et chaque chambre vibre à un rythme différent. Le bruit ? Pas de problème. Habituée à travailler pour les grands noms du rock, l'architecte d'intérieur a fait soigneusement insonoriser toutes les chambres.

En fait, le Marlin est vraiment un hôtel de musiciens. Des studios d'enregistrement parfaitement équipés sont installés tout au bout du hall, et le gérant de l'hôtel, Ian Innocent, n'arrive jamais de bonne heure, car il se trouve être aussi l'un des DJ les plus en vogue de Miami. Pendant la journée, on peut l'écouter sur une radio de South Beach ; le soir, il est à l'accueil, ou derrière le bar du Marlin, où il passe quelques disques tandis que l'ambiance monte jusqu'à l'aube. Il y a même une fosse inclinée spéciale, appelée le salon Shabeen, juste à côté du bar : une sorte de caverne avec des amoncellements de coussins démesurés habillés de tissus antillais très colorés. L'ambiance, au Marlin, à mille lieux de la salsa frénétique en vogue sur Ocean Drive, est celle des « Cubaraïbes » : mélange relevé de latino torride et de caraïbe cool qui caractérie aussi bien ce que l'on mange que ce que l'on écoute.

De jour, le Marlin adopte l'allure tranquille et nonchalante que l'on associe habituellement aux Caraïbes. Elite, l'agence de mannequins de Johnny Casablanca (celle qui a mis Naomi Campbell à la porte), est installée au rez-de-chaussée, si bien que toute la journée on voit de jeunes personnes très photogéniques traverser, le plus souvent en rollers, le dallage en terrazzo des années 1930, en route pour un nouveau casting et une nouvelle séance de photos *glamour*.

Rien d'étonnant à ce que Miami attire les grandes fortunes, les grands noms et les curieux.

Adresse : Le Marlin, 1200 Collins avenue, Miami Beach, FL 33139, USA
Téléphone : (1) 305 604 50 00 ou (1) 800 688 76 78 - **Fax** : (1) 305 673 96 09
Chambres : à partir de 195 US$ (suites à partir de 425 US$)

Le Pelican

En termes de croissance urbaine, Miami est actuellement la première ville américaine, South Beach, le premier des quartiers de Miami, et Ocean Drive la première des rues de South Beach ; quant au Pelican, c'est tout simplement le « premier » hôtel de la ville.

Niché parmi tous ces hôtels profilés aux couleurs acidulées, de style Art déco, se dressant sur Ocean Drive, la plus animée des avenues du bord de mer, le Pelican fait figure d'*outsider* exentrique. C'est la marque italienne Diesel – célèbre pour ses satires de la mode – qui est à la fois propriétaire et gestionnaire de ce bâtiment des années cinquante ; et ce faux « motel » américain est la première expression, dans le domaine de la décoration intérieure, de l'esthétique très branchée de Diesel, à la fois irrévérencieuse, déjantée, et drôle.

Impossible de trouver mieux si vous voulez être là où les choses se passent. Juste à côté, vous avez Lario's, le célèbre restaurant cubain de Gloria Estefan ; une porte plus loin, c'est le News Café, dernier lieu à la mode pour le petit déjeuner ; à l'étage du Pelican est installée une succursale de l'agence de mannequins Ford ; et, de l'autre côté de la rue, c'est la partie la plus fréquentée de la plage, celle qui figure une fois sur deux dans les publicités pour les cérales, avec ses filets de volleyball, sa piste de roller et son défilé incessant de silhouettes sublimes.

Séjourner au Pelican, c'est comme se déguiser. Vous pouvez être qui vous voulez, et votre chambre vous donne la réplique. Un accès de patriotisme ? La chambre « À la bannière étoilée » est pour vous. Émoustillé par la musique ? Réservez la chambre « Maison close de luxe », toute de rouge décorée. Un peu primitif ? Essayez « Moi Tarzan, Toi Vaine ». Mystique ? Passez la nuit chez « Jésus Christ mégastar ». La fièvre du samedi soir ? Alors la chambre de la « Fille psychédélicate » s'impose. Et ce n'est qu'un – petit – échantillon. Vous avez encore le choix entre « Amour, paix et forêt feuillue », « Une fortune dans l'aluminium », « Certains l'aiment humide », « La fleur du pouvoir », « Décocktail », « Bang un boomerang », « À mi-chemin d'Hollywood », « Viva Las Vegas » ou « Big Bamboo ». Chacune des chambres du Pelican est décorée selon le thème auquel elle est dédiée. Un seul mot d'ordre : « Vous êtes dans une ville latine : détendez-vous, amusez-vous et laissez libre cours à votre imagination. »

Fort heureusement, ces fantaisies ne se font jamais au détriment du confort. Les femmes de chambre passent deux fois par jour, et chaque chambre est équipée d'une télévision, d'un magnétoscope, d'une chaîne de qualité, d'un frigo et d'au moins deux téléphones (dont un dans la salle de bains). L'attention portée aux détails se traduit par exemple par la présence

Un délire graphique d'Afrique sur Ocean Drive, pour une chambre version « Moi Tarzan, toi Vaine ».

Du baroque en capsules : ce miroir convient à merveille à la « suite présidentielle années soixante ».

Extravagante ? Cette salle de bains est pourtant la partie la plus sage de l'incroyable suite sous les toits.

La « suite présidentielle années soixante », avec vue sur la plage, est une débauche de plastique coloré.

« Maison close de luxe » : aucun doute, stores baissés et lumière tamisée s'imposent pour cette chambre.

Le décorateur Magnus Ehrland a sans doute chiné dans les vide-greniers le plus grand bric-à-brac kitsch du monde.

Pas de réception traditionnelle ici puisque l'architecte a eu la bonne idée de la remplacer par un bar.

« À la bannière étoilée » est l'endroit rêvé pour les patriotes républicains (qui ne courent cependant pas l'hôtel).

N'oubliez pas vos lunettes de soleil : la chambre de la « Fille psychédélicate » plaira aux amateurs du Pop Art.

La « suite présidentielle années quarante » est une longue pièce élégante qui donne sur la plage et Ocean Drive.

À chaque chambre du Pelican correspondent un thème et une palette spécifiques : vert tropical ici.

Le kitsch d'une lampe en bois flotté est bien dans l'esprit de la « suite présidentielle années cinquante ».

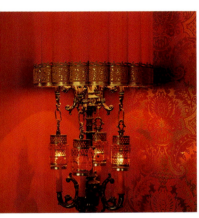

Rouge vermeil, jusqu'à la démesure : la « Maison close de luxe » est évidemment l'une des chambres les plus populaires.

Une mosaïque colorée, typique des années 1950-1960, orne le rebord de cette fenêtre.

Une affiche des années vingt pour une marque de cigarettes aujourd'hui disparue (d'où le nom de l'hôtel).

« Toujours, toujours plus haut » : une chambre entièrement décorée de fragments d'avion.

Unique, le restaurant tient tout à la fois du *diner*, le « routier » américain, du tripot et du hangar industriel.

La « suite présidentielle années cinquante » : tout le bleu d'Hawaï face à la plage et à Ocean Drive.

de ventilateurs au plafond et de planchers en chêne recyclé (de la moquette sous les tropiques de Miami ? Merci bien !).

Y séjourner est indubitablement une expérience originale. Le plaisir commence dès que le taxi poisseux (les taxis de Miami ne sont pas climatisés) vous a largué au bord du trottoir et que vous traversez le restaurant comble du Pelican en traînant vos bagages et en jurant à voix basse : « Pas de réception, qu'est-ce que c'est que cette histoire ? »

Sur le moment, cela ne semble pas très drôle, mais lorsque, quelques jours plus tard, vous voyez un nouvel arrivant blafard subir le même parcours initiatique, cela devient une blague d'initiés. L'hôtel vous expliquera que de traîner vos bagages à travers le restaurant contribue à rompre les « attentes traditionnelles » ; et, de toute façon, il n'y a guère de réception. L'espace a été utilisé – et bien utilisé – pour un bar-restaurant où l'on s'attarde volontiers pour profiter d'une ambiance détendue, générée par un décor « club des buveurs simples soldats, Honolulu, c. 1954 », et d'une nourriture, simple, saine et copieuse. À sa manière délirante mais charmante, le Pelican s'attaque gentiment aux petits travers kitsch de Miami. Sa décoration est une vision impertinente du mercantilisme crasse de l'Amérique et de sa culture. Le décorateur suédois Magnus Ehrland a parcouru la terre entière pour réunir ce qui doit être la plus grande collection de kitsch au monde, et l'a utilisée pour créer vingt-cinq chambres à thème.

Mais ce qui pourrait passer pour un fatras, allant de la lampe-vahiné aux chaises de salle à manger gothiques orange vif, est plus sophistiqué qu'on serait tenté de le croire. Rester à la limite du mauvais goût, sans tomber dans le laid ou l'imbécile, n'est pas si facile. Prendre de tels risques créatifs est audacieux, et le style courageux du Pelican se trouve récompensé par un succès retentissant.

Certes, toutes ces chambres sont autant de parodies du rêve américain ; mais elles sortent aussi de l'ordinaire, sont intéressantes et surtout très drôles. Après tout, il s'agit d'un hôtel, et non d'une maison particulière. Alors pourquoi ne pas s'offrir un brin d'excentricité pendant ses vacances ? D'ailleurs, tout Miami n'est-il pas extravagant ?

Adresse : Le Pelican, 826 Ocean Drive, Miami Beach, FL 33139, USA
Téléphone : (1) 305 673 33 73 - **Fax** : (1) 305 673 32 55
Chambres : à partir de 160 US$ (suites à partir de 280 US$)

Le Tides

Si le Pelican est l'*outsider* excentrique de South Beach (voir p. 143), le Tides, quant à lui, fait figure de nouveau venu, plutôt paisible. Avec ses dix étages tout blancs, le Tides est le plus grand et le plus imposant des bâtiments d'Ocean Drive. Il contraste radicalement avec les autres hôtels Art déco, plutôt trapus, qui bordent le front de mer le plus célèbre de Miami. Considéré comme le premier hôtel « historique » de South Beach (puisqu'il fut inauguré en 1936), ce représentant typique du style « Art déco bord de mer » est le joyau de Chris Blackwell, grand collectionneur d'hôtels sur South Beach. Le Tides est l'un des premiers qu'il ait acquis, il y a dix ans ; mais il a préféré s'occuper d'abord des hôtels de moindre importance, comme s'il gardait celui-ci pour la bonne bouche.

Pour lancer cette seconde étape dans la réhabilitation de South Beach, Chris Blackwell décida de faire appel aux services de John Pringle, expert en restauration d'hôtels de prestige. De 1951 à 1961, John Pringle fut propriétaire et gérant du Round Hill, une retraite jamaïcaine fréquentée par la famille Kennedy, Richard Avedon, Bing Crosby, Alfred Hitchcock et consorts, en fait par quasiment toutes les célébrités de cette décennie.

« Le secret, selon Pringle, c'est d'obtenir, pour des hôtes discrets, un service qui, lui, soit bien présent. » Les clients sont invités à se détendre… pas le personnel. La recette paraît simplissime, mais Pringle confesse volontiers que ce n'est pas la tâche la plus aisée.

Cousin éloigné de Blackwell, Pringle avait déjà travaillé comme consultant pour cet empire hôtelier en pleine expansion, mais le Tides est le premier projet où, à la demande expresse de Blackwell, il put totalement s'impliquer. Pas un coussin, un rideau ou un cendrier qui ait échappé à l'attention sourcilleuse de Pringle. Pour lui, le secret du confort tient dans la perfection des détails, même si le luxe suprême est, paradoxalement, celui qui semble n'avoir demandé aucun travail. Une décoration réussie et une ambiance agréable résultent donc d'une vigilance de tous les instants, d'un effort méthodique pour créer un lieu capable d'attirer une clientèle habituée à une certaine qualité de vie. L'objectif n'est pas de l'éblouir par un faste tapageur, mais bien de faire régner une atmosphère au naturel sophistiqué.

Le Tides offre une heureuse alternative aux voyageurs qui apprécient le calme autant que l'animation. Calme, voilà le mot clé ! Contrastant avec la frénésie d'Ocean Drive, qui vit au rythme de la salsa, le hall semble aussi apaisant qu'un studio insonorisé. Apaisant pour les yeux comme pour les oreilles. Tel un frais

costume d'été, il décline des tons crème, beige et bis, privilégiant les fibres naturelles, le tout mis en valeur par la beauté claire et polie d'un dallage en terrazzo d'origine.

Mais l'élégance tranquille du hall d'accueil n'est qu'une agréable introduction au réel attrait du Tides : ses chambres, plutôt des suites, tant elles sont spacieuses.

Grandes, ouvertes, blanches et donnant toutes sur l'océan, elles sont comme autant de lofts sous les tropiques : espace généreux voué et clair, stores romantiques et habile agencement qui sépare nettement la partie pratique – placard, mini-bar ou dressing – de l'espace central, laissant celui-ci merveilleusement libre.

Le plus remarquable est assurément que toutes les chambres ont vue sur la plage. Quand on m'a dit cela, j'ai pensé qu'il ne s'agissait en fait que d'une majorité de chambres.

Comment auraient-elles pu donner, toutes, sur la mer ? Tout simplement grâce à une réorganisation drastique de l'espace intérieur, le couloir donnant accès aux quatre chambres de chaque étage longeant désormais la façade arrière de l'hôtel (côté parking).

N'ont été conservées que quarante-cinq des cent douze chambres. Décision courageuse qui aurait pu passer pour un mauvais calcul. Mais, pour les hôtes, ça change tout. Dans les pays chauds, l'espace est précieux parce qu'il donne plus de fraîcheur. Et tout le monde peut ainsi contempler l'océan.

Cette recherche de la fraîcheur a aussi guidé l'aménagement du centre de remise en forme. Situé au sommet de l'immeuble de façon à capter la moindre brise, c'est une simple terrasse couverte d'un auvent, solution beaucoup plus séduisante que la petite salle de sport, confinée et climatisée, généralement proposée. Seule contrainte, les hôtes ne s'y rendent que si la météo le permet.

Pringle estimant que, dans la réussite d'un hôtel, la clientèle compte bien davantage que le cadre, l'essentiel était de lui offrir au Tides un cadre aussi discret qu'élégant. « Un hôtel, c'est comme une pièce de théâtre, précise-t-il, si la distribution est bonne, la pièce l'est aussi. »

Adresse : Le Tides, 1220 Ocean Drive, Miami Beach, FL 33139, USA
Téléphone : (1) 305 604 50 70 ou (1) 800 OUTPOST - **Fax** : (1) 305 604 51 80
Chambres : à partir de 350 US$ (suites à partir de 1 000 US$)

Le Four Seasons

Armani, Prada, Gucci, Versace, Etro, Dolce & Gabbana… si vous avez juré de ne plus faire les boutiques, gare ! La tentation risque d'être ici plus forte que partout ailleurs au monde. Aménagé dans un ancien couvent Renaissance du XVe siècle, au cœur du « triangle d'or » milanais, le Four Seasons est littéralement cerné par les grands noms de la mode. De fait, cette position stratégique s'avère irrésistible pour certains adeptes forcenés du shopping, sans parler du bataillon de mannequins, agents, éditeurs, acheteurs et photographes désireux de se jeter à corps perdu dans ce splendide bain de design et cette atmosphère cosmopolite si caractéristique de Milan.

En réalité, Milan est, pour une grande part, fort différente. C'est une ville industrielle, dure et rude, un moteur de l'économie italienne : *Milano lavora e Roma mangia* (« Milan travaille, Rome mange »), assure un dicton. Par sa mentalité, Milan ressemble à une métropole d'Europe du Nord. Et, si l'on excepte quelques quartiers anciens, ce n'est pas une très belle ville. Elle peut certes revendiquer La Scala et le Duomo, mais, comme l'a si bien dit un critique du *New York Times* de passage à Milan : « La ville est si grise qu'on a envie de lui faire prendre une bonne douche. »

Pourtant, au numéro 8 de la via Gesù, le gris n'a pas droit de cité. Niché dans la petite mais charmante partie médiévale de la ville, dans une rue calme bordée de palais majestueux rose pâle et jaune, le Four Seasons tisse autour de ses hôtes un cocon de luxe paisible et de beauté retenue.

Si Rome est la ville « éternelle », Milan est la ville « intérieure », soulignent les autochtones. Tout se passe derrière les portes closes. Les secrets de Milan, dit-on, reposent dans ses cours ; et le secret que recelait la cour cachée derrière la sobre façade jaune pâle de cet ancien palais n'était pas des moindres. Acheté en 1987, l'édifice faisait l'objet d'importants travaux de réhabilitation lorsque furent découvertes des colonnes de granit, puis des plafonds voûtés et enfin les vestiges d'une fresque d'inspiration flamande, trésors ayant appartenu à un couvent de la Renaissance. L'immeuble avait été si souvent modernisé, depuis le XVe siècle, qu'on avait perdu le souvenir de ce couvent de Santa Maria del Gesù, qui donna son nom à la rue.

Cette découverte amena l'architecte Carlo Meda à abandonner son projet initial et à redessiner l'hôtel de façon à donner vie à l'architecture du cloître. L'élégante arcade qui orne désormais la cour intérieure, splendidement restaurée, ne laisse rien deviner de la technologie sophistiquée exigée par cette réalisation. La stabilité de l'édifice est assurée

La cour intérieure confère à l'hôtel une atmosphère paisible, en plein cœur de l'agitation milanaise.

Ce précieux filigrane d'or, à l'entrée des ascenseurs du premier étage, est un bel exemple du raffinement de la décoration.

Certains éléments du décor évoquent les premières réalisations du grand architecte milanais Gio Ponti.

Le travail d'architecture de Carlo Meda a été déterminé par la restauration du couvent récemment mis au jour.

La magnifique colonnade originelle du couvent du XVe siècle a été redécouverte à l'occasion des travaux de démolition.

Miroirs dorés et chandeliers d'église contrastent avec l'ambiance simple et contemporaine de la réception.

Le restaurant, Il Teatro, est très apprécié des Milanais. Giorgio Armani fait partie des habitués, entre autres célébrités.

Ce plafond à caissons très travaillé orne la chambre favorite de Jil Sander, au premier étage côté cour.

La Colonna, café-restaurant moins formel, sert des spécialités milanaises (et soigne particulièrement les desserts).

Un angle de l'ancien prieuré est désormais réservé aux amateurs de parties de cartes.

Les suites du rez-de-chaussée ont gardé leurs belles voûtes du XVe siècle.

Les meubles anciens soigneusement choisis abondent. Pourtant, la décoration intérieure n'est jamais trop chargée.

La bibliothèque, l'un des rares espaces à avoir conservé l'architecture d'origine, est très prisée à l'heure du thé.

Les couloirs de l'hôtel s'ornent de quelques belles trouvailles, comme ce décoratif fragment de grille en fer forgé.

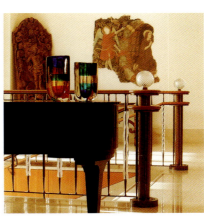

Grâce à une minutieuse restauration, des fresques du XVIe siècle ont été retrouvées sous les couches de peinture.

La séduisante cage d'escalier rappelle les conceptions esthétiques de Gio Ponti en matière de modernité.

La salle de sport, très bien équipée, fait partie des installations aménagées dans un vaste espace en sous-sol.

Les cuisines et autres nécessités occupant le sous-sol, les pièces donnant sur le cloître ont pu être transformées en chambres.

Le Four Seasons

par une complexe et invisible armature d'acier, car les colonnes originelles n'auraient jamais pu supporter le poids de deux étages ; les espaces utilitaires – cuisines, bureaux, salles de conférences, réserves – ont été relégués en sous-sol de façon à ne pas altérer les proportions du cloître. De ce fait, les magnifiques plafonds voûtés du XVe siècle ont pu être préservés dans bon nombre de chambres.

La découverte miraculeuse de ce joyau historique ne suffirait pas à faire de cet hôtel l'un des plus agréables d'Europe. Bien que les Milanais n'aient guère pour habitude de fréquenter les halls d'hôtel, le numéro 8 de la via Gesù est désormais l'une de leurs adresses les plus cotées.

À l'heure du déjeuner ou de l'apéritif, le café La Veranda est devenu l'un des rendez-vous favoris des milieux de la banque et de la mode, tandis que le restaurant Il Teatro, présidé par un chef maintes fois primé, Sergio Mei, compte, parmi ses clients, quelques-unes des sommités locales tel le chef de La Scala, Riccardo Muti, ou Giorgio Armani,

probablement attirés par des spécialités comme le *risotto mantecato con mazzacolle e carciofi alla mentuccia* (« risotto impérial de crevettes aux artichauts et à la menthe »).

Si la table est l'un des grands attraits du Four Seasons, le design en est un autre. La blancheur immaculée des murs, accentuée ici et là par des fragments de fresque, les parquets et dallages en terrazzo, la cage d'escalier ovale, d'une grande beauté sculpturale, et le mobilier Cassina créent une atmosphère qui évoque l'élégant modernisme de Gio Ponti, l'un des plus célèbres architectes italiens du XXe siècle.

De manière intéressante, la décoratrice Pamela Babey a volontairement refusé de jouer la carte de l'histoire. L'hôtel ne contient pas une seule copie de meuble ancien, ni le moindre tissu lourd ou trop riche. Le design italien contemporain se marie magiquement aux vestiges Renaissance.

La seule vertu que cet hôtel ne sache pas inspirer, à en juger par le nombre d'élégants paquets abandonnés dans le vestibule, c'est la discipline.

Adresse : Le Four Seasons, via Gesù 8, 20121 Milan, Italie
Téléphone : (39) 02 770 88 - **Fax** : (39) 02 770 85 004
Chambres : à partir de 666 000 L ou 344 € (suites à partir de 995 000 L ou 514 €)

SoHo Grand Hotel

Lorsqu'il ouvrit ses portes en 1996, le SoHo Grand Hotel était le premier hôtel créé à SoHo depuis plus d'un siècle.

Ce quartier mondialement célèbre de Manhattan, où se trouve la plus grande concentration de bâtiments à structure métallique des États-Unis, repoussait depuis longtemps toute tentative pour transformer son précieux patrimoine architectural. Rien d'étonnant, donc, à ce que le projet du SoHo Grand Hotel, prévu pour abriter près de quatre cents chambres sur quinze étages (dans un quartier où les immeubles ne dépassent guère cinq ou six étages), ait au départ rencontré une vigoureuse opposition. Mais, quoiqu'on en dise, SoHo avait cruellement besoin d'un hôtel (voire de deux). Ce quartier était devenu incontournable non seulement pour de nombreux artistes - peintres, photographes, designers, éditeurs - mais aussi pour les milieux universitaires en raison de la proximité de l'université de New York. Or, tous ceux qui ont déjà tenté l'expérience d'aller, en taxi, à un rendez-vous dans SoHo depuis le centre ou le nord de Manhattan savent qu'il y a à peu près autant de chances d'arriver à l'heure que de trouver un chauffeur de taxi parlant anglais !

Loin de se laisser décourager, le propriétaire des lieux, Emanuel Stern, a réagi de manière constructive. Il reconnaît volontiers que ce sont les artistes qui, les premiers, prennent possession d'un quartier, lui conférant tout son attrait. Les hommes d'affaires ne font que leur emboîter le pas pour en tirer profit. Afin que son projet ne soit pas ressenti comme purement commercial, Stern choisit habilement d'y associer autant que possible la communauté artistique locale.

Il fit appel à des designers, des artistes et des galeries implantés à SoHo, et s'inspira du caractère du quartier tant pour l'architecture de l'immeuble que pour sa décoration. Stern rencontra quatorze designers avant de fixer son choix sur William Sofield, ancien associé d'Aero, studios de design de SoHo et grands initiateurs de modes.

Sofield, qui avait notamment collaboré aux très séduisantes créations de Ralph Lauren Home, a choisi ici de mêler le passé industriel du quartier au riche vocabulaire de l'architecture locale. Les célèbres lofts de SoHo sont truffés d'ornements et de détails d'inspiration victorienne, italienne et orientale. Les colonnes égyptiennes, lanternes orientales et motifs de style Arts and Crafts qui caractérisent l'intérieur du SoHo Grand Hotel s'inscrivent donc dans cette tradition esthétique.

Les contraintes imposées à Sofield ont sans doute stimulé sa créativité et lui ont inspiré une

Brut et vigoureux, l'espace du rez-de-chaussée du SoHo Grand Hotel ne déparerait pas dans *Batman*.

Des photographies anciennes de Manhattan décorent les chambres et peuvent également être achetées.

La sobriété du hall d'accueil évoque les majestueuses gares des chemins de fer américains du début du siècle.

Le mobilier Arts and Crafts reflète le souci d'historicité du décorateur William Sofield.

Le restaurant Canal House, vaste, majestueux, et pourtant intime, propose de bonnes spécialités américaines.

Le scrupuleux respect du moindre détail « d'époque » n'empêche pas l'hôtel de disposer d'une salle de sport dernier cri.

SoHo Grand Hotel

authentique originalité. L'hôtel devait tenir compte d'une multitude de restrictions : il est, en effet, situé en zone inondable, même si le marécage qui a justifié ce classement est asséché depuis un siècle. Aussi le plan d'occupation des sols interdisait-il d'installer au rez-de-chaussée tous les locaux qu'on y trouve habituellement. L'entrée sort donc résolument de l'ordinaire, donnant l'impression d'arriver dans une station de métro. C'est un espace brut, une caverne totalement vide dominée par d'immenses colonnes de brique et un escalier en poutrelles d'acier. Cet espace, qui sert d'antichambre à la réception située au-dessus, renforce l'effet produit par le hall et par l'escalier. Ponctué de rondelles de verre en enchâssées dans les marches, il reprend une tradition locale qui consiste à insérer des culs de bouteilles à la limite du trottoir et des immeubles pour éclairer les sous-sols. L'esthétique est à la fois musclée, industrielle et artistique, ce qui correspond parfaitement à l'esprit du quartier.

Le hall de l'hôtel, majestueux, est divisé en deux par une rangée de colonnes de style égyptien à l'ordonnancement quelque peu militaire. D'un côté, on règle les formalités d'arrivée et de départ, on dépose et on reçoit des messages ; de l'autre côté, on se détend au salon, au bar ou au restaurant. Selon un journaliste d'un quotidien new-yorkais, ce restaurant grandiose aux proportions monumentales, avec ses hauts plafonds et ses abat-jour on-ne-peut-plus grands, évoque « la Russie de Staline ».

La cuisine offre plus de raffinements. Canal House, le restaurant du SoHo Grand Hotel, ne manque pas d'arguments. Sa carte, qualifiée par le *New York Times* de « cuisine américaine pour gourmets exigeants », réinvente certains classiques américains, dont la bisque de palourdes Manhattan, le crabe Louis (chair de crabe servie avec un avocat en tranches et des quartiers de pamplemousse rose) et le filet d'agneau grillé sur galettes de maïs. Bien loin de la bruyante agitation de SoHo, l'ambiance calme et élégante est si séduisante que les habitants du quartier, après s'être opposés avec véhémence à l'ouverture de cet hôtel, viennent désormais volontiers y déjeuner.

Adresse : SoHo Grand Hotel, 310 West Broadway, New York, NY 10013, USA
Téléphone : (1) 212 965 30 00 - **Fax** : (1) 212 965 32 00
Chambres : à partir de 239 US$ (suites à partir de 1 049 US$)

Le Four Seasons Hotel

Dans les années 1920, lorsque naît véritablement la vogue des gratte-ciel américains, ces immeubles fabuleusement hauts symbolisaient l'état d'esprit du pays. Le Chrysler Building, le Rockefeller Center et l'Empire State Building s'élevèrent alors comme autant de monuments au génie technique et à l'énergie humaine. Ces cathédrales érigées à la gloire du commerce n'étaient pas seulement typiquement américaines, preuves irréfutables de la domination mondiale de l'Amérique en matière industrielle, elles témoignaient de l'espoir. Aujourd'hui encore, quoi de plus impressionnant que la vision de New York se détachant sur l'horizon. La prouesse technologique de cette architecture voire la seule taille des gratte-ciel de Manhattan, et notamment des authentiques et élégants bâtiments Art déco, exprime un optimisme et une croyance en valeurs qui sont toujours d'actualité. Pour reprendre les termes de Nathan Silver, auteur de *Lost New York* : « Se trouver face à une magnifique architecture est un éblouissement, même pour celui qui y est *a priori* peu sensible. »

Pour I. M. Pei, la mémoire et l'histoire sont indubitablement deux sources d'inspiration dans son travail d'architecte. Le résultat en est toujours spectaculaire. Si sa célèbre pyramide de verre dressée dans la cour du Louvre, à Paris, rappelle la fascination de Napoléon pour l'Antiquité égyptienne, son agencement du Four Seasons Hotel évoque le New York héroïque, l'époque où les gratte-ciel américains clamaient la suprématie des États-Unis dans le domaine industriel et le succès écrasant du capitalisme.

Très conscient de l'irrésistible attrait que l'histoire confère à un bâtiment, I. M. Pei a appliqué la formule au Four Seasons. Il suffit de pénétrer dans le hall, paré d'urnes en bronze massif, d'un dallage en marbre et d'un spectaculaire plafond en onyx s'élevant à plus de dix mètres de hauteur, pour renouer sur-le-champ avec la somptuosité et la prospérité des années vingt. Avec ce nouveau gratte-ciel – le plus haut des hôtels de New York avec ses cinquante-deux étages –, Pei fait véritablement revivre la magie originelle de Manhattan. Réinventant le gratte-ciel américain classique, cet édifice cherche à faire impression et ne s'en cache pas. Il y parvient grâce à ces deux qualités intemporelles : des proportions monumentales et une réalisation irréprochable. Cette architecture donne confiance en soi : pas étonnant que le Four Seasons soit si recherché, tant auprès des étrangers que des New-Yorkais.

Ces derniers ayant la réputation d'être les critiques les plus sévères au monde, c'est donc

Dans le hall, de gigantesques urnes évoquent la magnificence de l'Art déco à Manhattan.

Les New-Yorkais se réunissent pour prendre un verre sous le monumental œil-de-bœuf du vestibule.

L'orchidée symbolise la santé et la forme… beaucoup mieux que la salle de sport (grande mais pas très photogénique).

Les gigantesques proportions du hall s'inspirent de l'âge d'or des gratte-ciel new-yorkais.

Manhattan revu et corrigé par Hollywood : la formule résume l'esthétique des chambres.

Le Bar est un rendez-vous très apprécié des New-Yorkais : c'est tout dire lorsqu'on connaît leur esprit critique.

Avec ses 110 m², chacune des suites « deluxe » est plus vaste que la moyenne des appartements de Manhattan.

Clinquant, mais sans excès : le restaurant évoque le faste épuré de l'Art déco américain.

Plus haut que tout autre hôtel à Manhattan, le Four Seasons offre d'irrésistibles points de vue sur la ville.

Le mobilier cherche à ressusciter l'optimisme caractéristique de cette période des années vingt et de l'Art déco.

Le restaurant, Fifty Seven Fifty Seven, a récemment été gratifié de trois étoiles par le *New York Times*.

Vue typique sur l'Empire State Building, l'un des plus célèbres gratte-ciel Art déco de Manhattan.

L'accueil est divisé en deux immenses espaces : une majestueuse réception et un salon surélevé tout autour.

Les chambres d'angle bénéficient de grandes baies, de beaucoup de lumière et de vues superbes sur Manhattan.

La décoration est signée de Chhada, Siembieda & Partners, agence qui réalisa les superbes hôtels Regent en Asie.

Avec sa palette de tons neutres, l'intérieur rend hommage au décorateur français Jean-Michel Frank.

Seule une présence humaine permet au photographe de rendre l'immensité des lieux, hommage au génie new-yorkais.

Symétrie, précision et art de la mise en scène : telles sont les qualités conférées par I. M. Pei au Four Seasons.

Le Four Seasons Hotel

un véritable hommage qu'ils lui rendent en y affluant pour prendre un verre (avec une prédilection pour le « french martini » ou le « martini aux agrumes » maison), déguster la savoureuse cuisine du restaurant Fifty Seven Fifty Seven (classé trois étoiles par le *New York Times*, distinction sans précédent pour un restaurant d'hôtel), ou pour dîner vite fait au Lobby Restaurant. Le matin, on les voit même faire la queue pour y prendre le petit déjeuner. Goûter les crêpes au citron et à la ricotta suffit à expliquer leur motivation. Bref, le Four Seasons est devenu un véritable point de ralliement. P.-D.G., réalisateurs de cinéma incapables de concevoir l'existence sans un service irréprochable et une table de qualité, y côtoient des gens qui travaillent dans le quartier et quelques vedettes de cinéma s'attardant suffisamment dans le hall pour être reconnu, quitte à s'en offusquer bruyamment.

Quant aux chambres, elles semblent tout droit sorties d'un vieux film en noir et blanc tourné dans un Manhattan huppé, où les hommes portent une inévitable cravate noire et où les femmes, élégantes dans leurs longues robes étincelantes, s'alanguissent dans de magnifiques intérieurs. Deux fois plus grandes que la moyenne des chambres d'hôtel new-yorkaises, elles offrent une belle vue sur les lumières de la ville, montrant New York tel que vous l'avez toujours imaginé : immense, splendide, bluffant. Certaines disposent même d'une terrasse privée, ce qui est un réel agrément, notamment dans les étages élevés. Vastes et luxueuses, elles ne tombent pourtant jamais dans l'excès.

La décoration s'inspire du style Art déco américain sans succomber à la tentation de la reconstitution historique. Clair et d'une simplicité bien contemporaine, le Four Seasons new-yorkais joue avec une palette raffinée de tons sable et bronze.

Tout ce faste, ce luxe et cet espace feraient monter les prix ? Qui s'en soucie ? Comme le notait un important agent de voyages new-yorkais : « Le Four Seasons est comme un succès de Broadway. Tout le monde veut y aller, à n'importe quel prix. »

Adresse : Le Four Seasons Hotel, 57 East 57 street, New York, NY 10022, USA
Téléphone : (1) 212 758 57 00 - **Fax** : (1) 212 758 57 11
Chambres : à partir de 515 US$ (suites à partir de 1 050 US$)

Le Mercer

Il y a près de dix ans, André Balazs, directeur de night-clubs et d'hôtels, et déjà propriétaire du Château Marmont à Los Angeles (voir p. 109), fit l'acquisition d'un imposant bâtiment en brique rouge à l'angle de Spring Street et de Mercer Street, au cœur du quartier branché de SoHo, et annonça qu'il envisageait d'en faire un hôtel. Maintes fois différée, son inauguration allait devenir l'événement le plus impatiemment attendu de Manhattan. Attente déçue ? Nullement ! Car cet hôtel n'a pas son pareil à New York et peut-être même au monde.

Parce qu'il a su conserver les fenêtres, les hauts plafonds et les proportions d'un entrepôt, le Mercer est le premier hôtel à donner l'impression de vivre dans un loft, une expérience urbaine absolument emblématique de New York, qui tourne le dos au concept traditionnel de la chambre d'hôtel. L'ambiance du loft a été préservée : espace dégagé et lumière abondante en font tout le charme. En fait, ce sont précisément ces qualités qui attirèrent les artistes qui, en pionniers, surent donner son caractère au quartier.

Le seul problème que pose un loft est celui de l'ameublement. Les choix décoratifs doivent souligner l'espace et non le remplir. Ce qui a incité André Balazs à travailler avec le décorateur parisien Christian Liaigre. Ses choix : un magnifique et sobre mobilier en wengé, un bois africain, des tissus aux teintes neutres, des lampes simples, des parquets sombres, des murs d'un blanc absolu, un linge de maison tout aussi blanc et frais, avec juste un soupçon de cuir lilas sur d'élégants canapés. Bref, une approche subtile, nette et classique qui évite tous les clichés à la mode.

Le parti pris décoratif du loft est appliqué de bout en bout, y compris aux salles de bains. Celles du Mercer sont les meilleures d'Amérique du Nord. Sans discussion possible. Pas seulement parce qu'elles sont entièrement blanches, faïence et marbre blanc et incroyablement spacieuses, avec une baignoire centrale et une élégante desserte en inox pour les serviettes et les produits de toilette. Mais parce qu'elles sont très intelligemment intégrées à l'espace. Après tout, à quoi bon se démener (et se ruiner) pour préserver l'intégrité du loft si la salle de bains doit être reléguée dans une cabine exiguë ? Au Mercer, les salles de bains font partie de l'espace global et communiquent avec lui. Des portes pliantes ont été installées pour garantir l'intimité si l'on en ressent le besoin. Mais pourquoi se priver du plaisir de prendre un bain dans un espace immense avec vue sur les immeubles de la rue, moment tellement unique… si urbain, si décadent, si SoHo ?

Presque comme une installation de Pop Art, l'extrémité de chaque couloir est définie par une teinte différente.

Dans l'univers ultrablanc des salles de bains du Mercer, la moindre touche colorée saute aux yeux.

L'utilisation maîtrisée mais spectaculaire de la couleur dans les corridors fait écho à celle des chambres.

Cette baignoire carrée, éclairée par un puits de lumière au plafond, équipe les salles de bains du dernier étage.

Les couleurs sont utilisées avec modération : juste ce qu'il faut pour créer un effet.

Blanches, spacieuses et raffinées, les salles de bains sont considérées comme les meilleures des États-Unis.

Une chambre en angle, meublée de chaises dessinées par Liaigre et d'une table ovale, estampille du Mercer.

Un design signé Christian Liaigre : bois de wengé, sol en marbre de Carrare et murs immaculés.

De minces banquettes recouvertes de cuir lilas apportent une touche élégante aux intérieurs entièrement blancs.

Les poteaux de fonte de cet entrepôt du XIXe siècle ont été conservés chaque fois que cela était possible.

Au lieu de l'habituel bureau que personne n'utilise, Liaigre a installé dans chaque chambre une table ovale.

Chaque détail, jusqu'aux lampes de chevet fixées au mur, a été réalisé sur mesure pour le Mercer.

Reflets vert pâle ou lilas jouent à merveille sur le blanc pur de cet environnement urbain intransigeant.

Les lits sont immaculés : housses de lin aux couleurs neutres, draps Frette. Qui voudrait vivre à la dure dans un loft ?

La couleur sombre du wengé contraste avec la porcelaine contemporaine et le raphia orange des sets.

Toutes les chambres, même les plus petites, respirent cette atmosphère éminemment urbaine dans l'esprit « loft ».

SoHo est le seul quartier de Manhattan à ne pas être privé de lumière par d'immenses gratte-ciel.

Cette desserte en inox, accueillant serviettes et produits de beauté, se retrouve dans toutes les salles de bains.

Le Mercer

SoHo (*So*uth of *Ho*uston street) est unique à Manhattan, car c'est le seul secteur sans gratte-ciel. Les bâtiments les plus hauts se contentent de six étages, laissant suffisamment d'espace entre eux pour éviter les sombres canyons si nombreux partout ailleurs à New York. À une certaine époque, ces entrepôts lumineux, couvrant des centaines de mètres carrés, avaient une vocation exclusivement industrielle. Après une période de désintérêt et d'abandon, les artistes les ont redécouverts, y ont emménagé et ont transformé tout à la fois les bâtiments et le quartier. Les choses ont bien changé. Ces vingt dernières années ont vu le prix d'un loft à SoHo atteindre quasiment celui d'un appartement dans l'Upper East Side. Le quartier est donc devenu inabordable pour un artiste peu fortuné. Quoique décrié (notamment par la communauté artistique), cet embourgeoisement de SoHo a contribué à créer le cadre où quelques-uns des meilleurs restaurants, bars et boutiques de Manhattan se sont désormais installés.

Faisant fi de la concurrence, Balazs s'est hardiment mis sur les rangs. Son restaurant, The Mercer Kitchen, situé en sous-sol de l'immeuble mais éclairé par un plafond de verre constitué de culs de bouteilles enchassés dans le trottoir (procédé très utilisé dans le quartier), donne l'impression de manger dans la cuisine, « l'endroit idéal pour une conversation entre amis », assure Balazs. L'ambiance, soutenue par les petits plats du chef Jean-Georges Vongerichten, a fait du Mercer Kitchen l'un des restaurants les plus durablement en vogue de SoHo.

Toute de noir vêtue, la foule des publicitaires, directeurs artistiques, photographes et professionnels de la mode a peut-être pris la place des artistes, mais SoHo conserve une atmosphère bien éloignée du style « grand manteau, petit caniche » de l'Upper East Side. Pour Nathan Silver, auteur de *Lost New York* : « Si quelque chose doit rester à jamais le symbole radieux de New York, ce sont bien ces bâtiments commerciaux [de SoHo]. » En constante évolution pour s'adapter aux besoins contemporains, il sont « ce que New York a de meilleur et de plus pur à offrir ».

Adresse : Le Mercer, 147 Mercer street, New York, NY 10012, USA
Téléphone : (1) 212 966 60 60 - **Fax** : (1) 212 965 38 38
Chambres : à partir de 350 US$ (suites à partir de 925 US$)

Hôtel Costes

Jean-Louis Costes n'a pas froid aux yeux. Au début des années quatre-vingt, il fit parler de lui dans tout Paris en ouvrant un nouveau café qui défiait toutes les lois du genre : pas de grand lustre, pas de miroirs, pas de décoration faussement Belle Époque ni d'adresse prestigieuse. Situé à un angle de la rue Saint-Denis, près des Halles, dans un quartier plus connu pour ses belles de nuit que pour ses mondanités, décoré par quelqu'un alors presque inconnu (Philippe Starck, ancien directeur artistique de Christian Dior), le Café Costes n'en connut pas moins un succès fou. On ne jurait plus que par lui. De toute l'histoire de la décoration intérieure, jamais aucun lieu n'avait été autant photographié que les toilettes pour hommes du café ; le fabriquant de meubles italien Driade vendit près d'un million de « chaises Costes », emblèmes du lieu ; et Philippe Starck fit quasiment figure de héros national.

Près de vingt ans plus tard, Jean-Louis Costes récidive. Il n'est plus question que de l'hôtel Costes, installé dans ce haut lieu du chic ostentatoire, la rue Saint-Honoré, et de son décorateur prodige, Jacques Garcia. Tout Paris s'y retrouve. Les autres hôtels eux-mêmes y envoient leurs clients. C'est l'adresse où prendre l'apéritif ou un verre après dîner, le lieu que choisissent les agences de relations publiques pour leurs conférences de presse les plus chic. Un vrai spectacle !

L'hôtel Costes restitue les outrances du style et de l'ambiance second Empire.

Autour d'une cour tout droit sortie d'un palais aristocratique, histoire et fantaisie se mêlent pour générer un décor excentrique. Une petite salle à manger, sombre et intime comme une fumerie d'opium, côtoie un « Herbarium », retraite rêvée à l'heure du déjeuner avec ses murs couverts de planches d'herbier soigneusement encadrées. Une autre salle à manger s'inspire du style exagérément néoclassique de la fin du XIXe siècle. Pour les journées d'hiver, un espace plus chaleureux, isolé par d'épais rideaux, a été aménagé autour d'une monumentale et extravagante cheminée, à moins qu'on ne préfère déjeuner dans la verrière qui entoure la cour.

Ce mélange de matières, de couleurs, de styles et de périodes historiques est la spécialité et la passion du décorateur Jacques Garcia. Néoclassicisme, orientalisme et réminiscences d'Empire – ces trois styles de préférence mêlés – signent ses créations. Son goût de l'excès éclate partout.

Rien n'échappe à son don des mises en scène théâtrales et fantastiques, pas même la sidérante piscine enterrée dans les catacombes. « Pourquoi faire simple, plaisante Jacques

Une magnifique cheminée Belle Époque réchauffe l'une des salles à manger d'hiver de l'hôtel Costes.

Dans les salles de bains, un carrelage au motif riche et coloré flatte le goût de Jacques Garcia pour l'orientalisme.

Dans cette réception, on se prend volontiers pour un personnage d'Agatha Christie qui attendrait un train.

Si les statues classiques sont en plastique (modernité oblige), elles ont été peintes pour paraître anciennes.

Garcia est passé maître dans l'art de mélanger matériaux, motifs et couleurs, surtout s'ils font référence à l'histoire.

Nimbé de lumière, le corridor fait le tour de la cour et sert de salle à manger pour les déjeuners d'hiver.

Une infinie juxtaposition de motifs : Garcia a le don des ambiances somptueuses.

Des chaises années cinquante, tout droit sorties de *La Dolce Vita* donnent un petit air latin à la terrasse de l'hôtel.

La réception, où les hôtes peuvent s'asseoir le temps des formalités, adopte le style chargé de la Belle Époque.

Les salles de bains sont bien du XXᵉ siècle… mais uniquement par leur plomberie, et non par leur style.

Les tabourets du bar dignes d'une fumerie d'opium révèlent le soin apporté par Jacques Garcia au moindre détail.

La cour rappelle celle d'un vieux palais toscan, qui appartiendrait à quelque excentrique comte italien.

Garcia a lui-même dessiné les meubles. Ces fauteuils début de siècle se parent de différents tissus et coloris.

Très apprécié à l'heure du thé, l'Herbarium est décoré de planches d'herbier encadrées.

Le décorateur Jacques Garcia refuse l'actuelle tendance zen, lui jugeant la complexité plus séduisante.

Cachés dans les catacombes, tous les appareils et gadgets dont peuvent rêver les accros de la remise en forme.

Miroirs, fleurs peintes et treillis de style chinois entourent la porte du bar, qui évoque une fumerie d'opium.

Des emprunts à l'Antiquité égyptienne signent cette pièce néoclassique. C'est l'une des six salles à manger.

Garcia, lorsqu'on peut faire compliqué ? » Tous ces détails de décoration Belle Époque qu'évitait si soigneusement le Café Costes, l'hôtel Costes les réintroduit sans compter. Rien, ici, qui évoque Philippe Starck.

Ce qui compte pour Jean-Louis Costes, c'est l'originalité, même si elle consiste à réinventer le passé. Puisque le contemporain est à la mode, semble-t-il dire, j'opterai pour l'ancien. D'où le choix inattendu de confier l'agencement intérieur à Jacques Garcia.

Adulé par le cercle très restreint des grandes fortunes françaises, Garcia est homme à utiliser sa connaissance encyclopédique des arts décoratifs pour créer des décors « d'époque » sans doute plus fantastiques qu'ils ne le furent jamais. Comme l'expliquait le journaliste Philippe Seulliet dans un récent portrait, il crée des lieux qui semblent porter la trace de plusieurs générations, mais qui sont, en fait, le produit de son imagination inspirée et gentiment irrévérencieuse.

Abondamment photographiées dans les magazines de décoration les plus sélects, certaines de ses réalisations les plus célèbres, tel le Château Champ de Bataille, en Normandie, étaient en quelque sorte faites pour lui-même. L'hôtel Costes a été l'occasion de marquer de son empreinte si personnelle un univers plus commercial. Pour créer ce décor sensuel, où les plans se superposent comme dans une tapisserie, Jacques Garcia a fait réaliser sur mesure toutes les lampes, tous les meubles, les tissus et les revêtements des murs et des sols. Hormis quelques tissus et papiers peints, fabriqués par une petite entreprise anglaise, rien de ce que contient l'hôtel Costes ne se trouve en magasin.

Garcia a repris un style généralement considéré comme une pure fantaisie personnelle pour l'adapter à l'univers pragmatique et impitoyable de la décoration grand public. Le résultat est très réussi, évitant aussi bien les inadéquations que les compromis.

Oubliez donc la devise du Bauhaus, « Le moins, c'est le plus ». Et décidez plutôt que « trop n'est jamais assez ».

Adresse : Hôtel Costes, 239, rue St-Honoré, 75001 Paris, France
Téléphone : (33) 1 42 44 50 00 - **Fax** : (33) 1 42 44 50 01
Chambres : à partir de 1 750 FF ou 267 € (suites à partir de 3 250 FF ou 496 €)

L'Hôtel

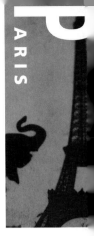

C'est dans cet hôtel, situé dans une rue invraisemblablement étroite de la rive gauche, en plein quartier des arts et des antiquités, qu'Oscar Wilde écrivit sa célèbre phrase tragi-comique : « Je meurs au-dessus de mes moyens. » Malgré une santé et des finances plutôt chancelantes, Wilde conserva, jusque sur son lit de mort, cet esprit sarcastique qui fit de lui une légende littéraire.

Aujourd'hui, à cette même adresse de la rue des Beaux-Arts, il y a toujours un hôtel, qui fait de son mieux pour être à la hauteur de son prestigieux passé. Comme on pouvait s'y attendre, une chambre est dédiée à l'écrivain, qui y est réellement mort. La décoration en est vaguement victorienne, un peu défraîchie, surchargée de meubles, avec un grand lit traîneau. Encadrées au mur, quelques lettres de l'écrivain. Je doute que Wilde eût été impressionné par la suite qui porte son nom, ou qu'il eût apprécié les porte-clés à son effigie. En revanche, je suis sûr qu'il aurait adoré la chambre 34, entièrement décorée de fausse peau de léopard.

Il y a une dizaine d'années, j'avais entendu parler de l'Hôtel pour la première fois par des amis du monde des arts. « C'est un endroit dingue, m'avaient-ils affirmé, tu vas adorer : les chambres sont un vrai délire. » Un délire ? « Tu verras, demande juste à séjourner dans plusieurs d'entre elles. » Ce que je fis. Ma première chambre était entièrement rouge : rideaux de velours rouge, moquette rouge, couvre-lit de velours rouge bordé de satin rouge, le tout rehaussé de quelques antiquités Empire noir et or. La salle de bains, en revanche, était tout de marbre vert. Pur style Napoléon, version lilliputienne. N'importe où, un tel décor m'aurait rendu claustrophobe ; mais, dans cette chambre aux proportions parisiennes, avec de hauts plafonds et de magnifiques fenêtres, il m'a paru étonnamment intime et élégant. Ma deuxième chambre (quelques jours plus tard) jouait la carte du vert : moquette vert chartreuse, rideaux de velours d'un sombre vert émeraude et couvre-lit de velours vert contrastaient avec les chaises, les placards et les meubles de rangement peints dans un ton ivoire, et une salle de bains en marbre crème. L'Hôtel compte aussi, parmi les plus réussies, une chambre au papier peint psychédélique, argent et chocolat ; un hommage à Marilyn Monroe en bleu, blanc rouge, « années trente » (bizarre pour une vedette des années cinquante) ; et sous les toits, une suite hippie, façon Laura Ashley sous LSD. Faut-il le dire, à l'Hôtel, chaque chambre est unique, chacune explorant avec détermination

L'Hôtel

un style particulier. Sur le plan architectural, le clou de l'hôtel est la cage d'escalier, une tour ronde néoclassique décorée de médaillons en plâtre, s'élevant au-dessus d'un sol en terrazzo au motif étoilé jusqu'à un dôme de lumière. Une « folie » qui n'a pas son pareil dans tout Paris, mais est parfaitement à sa place rue des Beaux-Arts, au cœur de la rive gauche, le Paris d'artistes et écrivains légendaires, tels Ernest Hemingway, Pablo Picasso, Gertrude Stein, Man Ray ou F. Scott Fitzgerald.

S'y promener est un vrai régal : ravissantes et minuscules boutiques spécialisées dans les livres anciens ou les objets rares ; petites galeries dont les « grands » vernissages débordent immanquablement sur les rues pavées ; avec, ici et là, une vitrine minimaliste dévoilant les dernières tendances. Il n'y a pas de meilleure adresse à Paris pour faire du lèche-vitrines, s'asseoir à la terrasse d'un café pour regarder les passants, et profiter au maximum des atouts de la rive gauche. Mais si, de temps en temps, vous aimez rester tranquille et faire appel au service en chambre, ou vous attarder dans le hall, cet hôtel n'est pas pour vous : il n'y a ni room service, ni hall. Il fut un temps où les caves de l'immeuble abritaient un bar excentrique, mais il a fermé, et le restaurant de l'hôtel affiche un aspect abandonné digne du *Dernier Tango à Paris*. Alors, les avantages de l'hôtel ? Ses chambres et sa situation. À conseiller sans hésiter à ceux qui aiment leur indépendance et aux esthètes non conformistes.

Bizarrement – mais peut-être pas tant que ça – c'est à un Américain que l'Hôtel doit son ambiance très parisienne. Le décor exotique et l'extraordinaire cage d'escalier circulaire ont été créés dans les années soixante par Robin Westbrook. À l'époque, l'Hôtel dut laisser tous ses concurrents parisiens à cent lieues derrière lui. Son charme opère toujours, peut-être plus encore du fait que rien n'a changé.

Marcher sur les pas d'un Oscar Wilde décadent dans une authentique décoration des années soixante, que rêver de plus inouï ?

Adresse : L'Hôtel, 13, rue des Beaux-Arts, 75006 Paris, France
Téléphone : (33) 1 44 41 99 00 - **Fax** : (33) 1 43 25 64 81
Chambres : à partir de 1 000 FF ou 153 € (suites à partir de 2 800 FF ou 427 €)

Hôtel Lancaster

« Séduisant et expérimenté » : c'est en ces termes que Grace Leo-Andrieu se plaît à décrire son hôtel. Et qui la contredirait ? Séduisant, l'hôtel Lancaster l'est assurément. Non pas qu'il vous éblouisse par des fastes tapageurs – ce n'est pas le Ritz. Il n'emploie pas une armée de chasseurs, et on ne se presse pas dans le hall comme au spectacle. Mais c'est justement là son secret. Aux yeux de Grace Leo-Andrieu, le Lancaster est destiné aux gens qui n'ont plus rien à prouver. Si vous n'en êtes plus à vouloir impressionner autrui par l'adresse de votre hôtel, vous êtes prêt pour des plaisirs plus subtils d'un lieu décrit par le magazine américain *Town & Country* comme procurant « la plus raffinée des expériences hôtelières parisiennes ».

Par son luxe discret et son caractère intemporel, le Lancaster a su séduire des célébrités comme Cary Grant, Grace Kelly ou Clark Gable. Marlene Dietrich en avait pratiquement fait son pied-à-terre parisien : l'une des suites, entièrement décorée dans sa couleur favorite, le parme, porte son nom. Mais si sa clientèle fait la une des journaux, le Lancaster, lui, n'a jamais cherché à faire parler de lui, et Grace Leo-Andrieu n'a pas l'intention de changer de politique. Selon ses souhaits, cet hôtel est, tout simplement, réservé à ses hôtes. Ainsi la salle à manger – merveilleusement située sur un jardin intérieur – n'est-elle pas accessible au public. Un point, c'est tout. De ce fait, le Lancaster est plus proche du club privé que de l'hôtel. Si vous y séjournez, vous êtes libre d'y recevoir, d'y boire un verre ou d'y dîner sans que tout le monde vous observe ou vous dispute la place.

Intime et magnifiquement décoré, le Lancaster est unique. Le premier propriétaire à avoir converti en hôtel ce splendide immeuble haussmannien (quatre étages, quatre appartements) est Émile Wolf, citoyen suisse aux goûts raffinés qui, dans sa chasse au trésor pour meubler l'hôtel, bénéficia de l'aide inattendue du père de sa gouvernante, qui était antiquaire. De ventes aux enchères en marchés aux puces, infatigable, il dénicha de superbes pièces en cristal de Baccarat, des tapisseries, des fauteuils Louis XV ou Louis XVI et bien d'autres joyaux. Il était en outre fasciné par les horloges, semble-t-il, et de nombreuses pièces de sa remarquable collection ornent aujourd'hui l'hôtel. Il en va de même des œuvres du peintre Boris Pastoukhoff, spécialiste du portrait de cour, Russe blanc qui, contraint à l'exil par la révolution, échoua à Paris. Pastoukhoff séjourna souvent au Lancaster pendant les années 1920-1930, utilisant son talent comme monnaie d'échange. Le Lancaster possède ainsi près de quatre-

Certaines des salles de bains de l'hôtel Lancaster ont été rénovées de façon à recréer le faste originel des années vingt.

Au bar : champagne millésimé, livres de photographie d'avant-garde et lampe en soie thaïe.

Le porche de cet immeuble d'habitation haussmannien a été transformé en hall élégant et minimaliste.

Le premier propriétaire, Émile Wolf, était un collectionneur passionné d'horloges.

La suite Dietrich est entièrement décorée dans une palette de tons parme, la couleur favorite de Marlene.

Le jardin intérieur a été complètement remodelé dans un style oriental plus moderne et plus exotique.

Hôtel Lancaster

vingts tableaux de cet artiste, dont les œuvres figurent aussi dans les collections de musées, tels le Brooklyn Museum of Fine Arts ou le Museo Reina Sofia à Madrid.

Émile Wolf a assurément laissé derrière lui un héritage impressionnant, mais lorsque Grace Leo-Andrieu achète l'hôtel, en 1996, il est devenu urgent de le moderniser. S'entourant d'un aréopage d'éminents experts, elle fait restaurer ces objets anciens d'une valeur inestimable. Les tissus d'ameublement trop fatigués sont remplacés par des soieries toutes simples, dans des tonalités orientales de mauve, lilas, rose ou ocre. L'ameublement est complété par des créations contemporaines signées par des designers comme Christian Liaigre, et par une collection de tables à café d'inspiration chinoise, de tables gigognes japonaises en laque, de cache-pots pour orchidées, de coupes en céladon et de portraits réalisés à l'encre de Chine, spécialement destinés pour la salle à manger.

Le résultat est éminemment séduisant, mélange de contemporain, d'ancien et d'oriental, métissage exotique, à l'image de la propriétaire. Grace Leo-Andrieu s'est fait un nom grâce à des réalisations très personnelles aux quatre coins du monde.

Il faudrait citer le Guanahani à Saint-Barthélémy (Antilles), le Clarence à Dublin (voir p. 71), et, à Paris, rive gauche, l'hôtel Montalembert (voir p. 197).

Née à Hong Kong (de parents hôteliers), mariée à un Français après avoir fait des études aux États-Unis, Grace Leo-Andrieu a mis à profit son expérience pluriculturelle pour l'une des plus stimulantes créations hôtelières du Paris des années quatre-vingt-dix.

Grace Leo-Andrieu se souvient de l'époque où, tout juste sortie de la Cornell Hotel School, elle travaillait au Warwick Hotel, situé au n° 5 de la rue de Berri. Chaque fois qu'elle passait devant le somnolent Lancaster (au n° 7 de la même rue), croisant son portier en train de fumer paresseusement à la porte, elle songeait à ce qu'elle ferait pour transformer cet hôtel si seulement, pensait-elle, « j'arrivais à me l'offrir ». Dix ans plus tard, c'était chose faite.

Adresse : Hôtel Lancaster, 7, rue de Berri, 75008 Paris, France
Téléphone : (33) 1 40 76 40 76 - **Fax** : (33) 1 40 76 40 00
Chambres : à partir de 1 650 FF ou 252 € (suites à partir de 4 050 FF ou 618 €)

Hôtel Montalembert

Dans une ville qui compte autant d'hôtels que Paris, il est difficile de croire que, jusqu'à un passé récent, le choix était pourtant assez limité. Vous pouviez jouer la carte du luxe façon rive droite (à condition d'en avoir les moyens) ou préférer le charme pittoresque de la rive gauche : poutres apparentes, plafonds bas et salle de bains minuscule (si tant est qu'il y en eût une). La jet set et les hommes politiques misaient sur le luxe ; les touristes sur le pittoresque. Cela marchait plutôt bien. Jusqu'au jour où apparut une nouvelle race de voyageurs : ceux qui quittent un avion pour en prendre un autre, qui ont un mode de vie et des besoins éminemment modernes. Le Montalembert fut le premier hôtel à répondre spécifiquement à leurs exigences, sans pour autant renoncer à son cachet parisien.

Situé rue Montalembert (hommage à l'illustre écrivain et orateur du XIXᵉ siècle), ce bâtiment en pierre de taille date de 1926. À deux pas du boulevard Saint-Germain, des célèbres cafés Les Deux Magots et Le Flore, le Montalembert a toujours été particulièrement apprécié des artistes et des écrivains, ceci depuis sa création. Pourtant, lorsque Grace Leo-Andrieu et son mari Stéphane s'en portent acquéreurs en 1990, l'hôtel avait tellement décliné qu'on le prenait pour quelque bâtiment administratif sentant le renfermé. Après neuf mois et huit millions de dollars de travaux de restauration, alors que le Montalembert rouvre ses portes, il a trouvé, selon les termes de Christian Liaigre, « l'âme qu'il n'avait jamais eue ». Son ouverture comblait le vide laissé par la fermeture de l'hôtel Pont Royal, dont le bar était une Mecque littéraire, fréquentée par tous les éditeurs et auteurs du quartier.

L'idée qui sous-tend la rénovation du Montalembert est simple : marier l'élégante architecture de l'édifice à un style contemporain. La collection d'antiquités de l'hôtel est donc restaurée ; les meubles créés par Liaigre sont répartis entre cinquante et une chambres, et cinq suites ; par ailleurs, le sculpteur Éric Schmitt reçoit commande des appliques murales « néobarbares » en bronze. Mais le plus grand succès de ce Montalembert réinventé, c'est certainement le rez-de-chaussée. Dans un espace guère plus grand qu'un petit appartement, l'architecte a réussi à caser une bibliothèque à l'atmosphère intime, un café, un restaurant et un bar. En fait, il s'agit de plusieurs espaces parfaitement fonctionnels et indépendants, délimités non par des cloisons, qui auraient transformé ce lieu en clapier, mais par des zones d'intensité lumineuse variable.

À l'heure du déjeuner, le restaurant du Montalembert est désormais le lieu de rendez-

Hôtel Montalembert

vous des antiquaires et des hommes de lettres du quartier. À l'instar de la décoration, la table est un mélange de tradition et de création. Au registre de la nouvelle cuisine, citons le saumon aux herbes fraîches et le sauté de poulet au vinaigre de sherry accompagné de courgettes braisées, tandis que l'on trouve parmi les classiques un lapin à la moutarde à l'ancienne. En hiver, l'espace-bibliothèque au coin du feu, près du restaurant, est idéal et très prisé à l'heure du thé, d'autant qu'il propose une impressionnante carte de thés parfumés provenant de chez Mariage Frères, le meilleur fournisseur de Paris. L'été, le bambou du petit jardin jouxtant la bibliothèque invite à prendre un verre avant le dîner.

Si le décorateur Christian Liaigre n'est plus aussi fou du tapis royalement placé dans le hall de l'hôtel, reproduisant dans des tons marine et taupe l'écriture du comte de Montalembert, l'hôtel n'a pourtant rien perdu du charme qui en a fait le must de Paris au début des années quatre-vingt-dix. En fait, l'approche privilégiée par Grace Leo-Andrieu était sage : rester fidèle à une palette simple, à un luxe sans prétention. Des parquets en chêne au marbre italien des salles de bains, du linge à monogramme Frette aux compositions florales de Christian Tortu (le fleuriste le plus raffiné de Paris), chaque détail reflète son attachement à une qualité constante mais contemporaine.

Les hôtes ont le choix entre une décoration traditionnelle rehaussée d'une pointe de modernisme (mobilier Louis-Philippe remis à neuf, avec, çà et là, une lampe contemporaine ou un fauteuil Liaigre) et un modernisme intégral, privilégiant les meubles en sycomore massif caractéristiques du minimalisme mesuré de Liaigre.

Très rive gauche, le Montalembert semble incarner un Paris tout droit sorti d'un livre. Mais n'est-ce pas réellement le cas ? Dans *La Poursuite de l'amour*, de Nancy Mitford, la retraite romantique qui se cache à deux pas du boulevard Saint-Germain, c'est le Montalembert ; et dans un roman de Peter Mayle, publié récemment, il est l'emblème même du chic parisien.

Adresse : Hôtel Montalembert, 3, rue de Montalembert, 75007 Paris, France
Téléphone : (33) 1 45 49 68 68 - **Fax** : (33) 1 45 49 69 49
Chambres : à partir de 1 675 FF ou 255 € (suites à partir de 2 830 FF ou 432 €)

Le Governor Hotel

Je ne sais ce qui, de la ville ou de l'hôtel, est le plus surprenant. Portland est une de ces villes d'où émane une impression de « secret bien gardé ». Suffisamment petite pour avoir conservé une ambiance familiale et intime, elle est cependant suffisamment grande (avec environ un million d'habitants) pour justifier les infrastructures qui donnent tout son intérêt à la vie : boutiques, théâtres, cinémas, musées, restaurants et bars. Et aux portes de la ville s'étend une nature majestueuse et préservée, telle que les explorateurs Meriwether Lewis et William Clark la virent pour la première fois, il y a près de deux cents ans.

C'est en entendant parler d'un vieil et majestueux hôtel aux grandes fresques murales et au mobilier original inspirés des exploits de ces deux légendaires pionniers américains que je décidai de me rendre à Portland. L'extraordinaire intérieur du Governor Hotel (édifié en 1909) est un hommage à l'expédition menée par Lewis et Clark dans le Nord-Ouest américain, en 1804-1806.

Parcourant plus de deux mille cinq cents kilomètres à travers les États-Unis, ils établirent la carte de nouveaux territoires et dépeignirent leur rencontre avec des tribus amérindiennes jusqu'alors inconnues, comme les Indiens Nez Percés. Si la nouvelle décoration s'inspire clairement de la culture amérindienne, l'esthétique d'ensemble est cependant Art déco.

Ce style prône l'idée qu'un intérieur et son ameublement doivent former un projet cohérent, « un tout visuel ». De ce point de vue, l'architecte d'intérieur Candra Scott, originaire de l'Oregon, n'a pas fait les choses à moitié. L'attention portée aux détails et la qualité de l'exécution sont exceptionnelles. La volonté de rendre l'esprit de l'Orégon se lit dans tous les choix décoratifs, qu'il s'agisse du papier peint à motif de feuille de chêne des salles de bains, des appliques représentant de manière stylisée une tête de chef indien en bronze, avec coiffe de plumes en mica ou de la cheminée de l'accueil dont les sculptures reprennent ce même motif. L'histoire du lieu est également racontée par les vieilles photographies en noir et blanc d'Amérindiens en costume traditionnel, par l'immense fresque murale d'une artiste de San Francisco, Melinda Morley, dominant le hall et dépeignant les découvertes de Lewis et Clark, et même par le mobilier du hall, mêlant grands fauteuils club en cuir et tables d'appoint réalisées à partir de tambours de cérémonie.

La décoration rappelle celle du musée national des Arts d'Afrique et d'Océanie, à Paris, créé en 1931. De vastes fresques murales illustrant les contributions culturelles de

Des feuilles stylisées sur fond de calligraphie ancienne décorent les abat-jour faits main.

Les dimensions imposantes du Governor Hotel font écho à l'histoire même de Portland.

Avec ses fauteuils club, ses motifs indiens et un feu qui crépite, l'accueil nous transporte dans un ranch.

La superbe collection de photographies du début du XXe siècle du Governor Hotel s'expose jusque dans les couloirs.

De touchants portraits d'Amérindiens en noir et blanc sont exposés dans tout l'hôtel.

La coupole du restaurant Jake's souligne le caractère grandiose de cet immeuble de la fin du XIXe siècle.

Le sol en terrazzo et la décoration murale datent de la fin du XIXe siècle.

Ces appliques murales Art déco ont été découvertes chez un antiquaire de San Francisco.

Au dernier étage de la nouvelle aile, moquette, appliques et plafonniers restent fidèles au thème amérindien.

Marqueterie en forme de flèches ornant la tête de lit et portraits de chefs indiens complètent le thème décoratif.

Un portrait de cowboy se glisse çà et là dans cette collection photographique essentiellement consacrée aux Indiens.

La fresque murale dominant l'accueil dépeint les découvertes des pionniers américains Lewis et Clark.

Cette tête de chef indien sculptée, agrémentant la cheminée de l'accueil, décore également les appliques.

De nombreux objets faits main, telle cette élégante lampe de porcelaine, réhaussent la décoration des chambres.

Lewis et Clark, qui établirent la carte du Nord-Ouest américain, rencontrèrent aussi des tribus inconnues.

La décoration intérieure a bénéficié de recherches sur l'histoire du Nord-Ouest et sur le mouvement Arts and Crafts.

Jake's, le restaurant du Governor, est l'un des plus courus et des plus populaires de Portland.

Jake's revendique un menu de *classic american grill* et propose notamment un saumon « sur planche de cèdre ».

Le Governor Hotel

l'Afrique, un mobilier et de nombreux objets inspirés des styles et symboles africains, offrent l'exemple même de cette relation harmonieuse entre tous les éléments que cherchait à créer l'Art déco. Remplacez l'art populaire africain par la culture amérindienne et vous obtiendrez le style du Governor Hotel.

Mais la décoration ne fait pas tout. Le principal charme du Governor est qu'il attire les gens comme un aimant. Le bar-restaurant de l'hôtel, le Jake's, est sans doute le lieu le plus couru de la ville. Le Governor n'a pas son pareil non plus quand il s'agit d'organiser un congrès ou un colloque dans le splendide décor d'époque des salles de réunion. En fait, on s'y presse à tel point qu'on a parfois l'impression que les habitants de Portland ne peuvent passer une journée sans y faire un saut.

La popularité du Jake's – on fait la queue pour avoir une table – pourrait être due à la qualité des plats qui y sont servis. Le restaurant revendique le style « grill américain » : au menu, saumon « sur planche de cèdre », sauce au vin, à la tomate et au basilic ; ou encore, poulet « glacé acajou » accompagné de légumes aux graines de sésame (toutes ces références aux arbres sont typiques du Nord-Ouest). Mais, au Jakes's, l'ambiance compte autant que la cuisine, peut-être même plus encore. On se croirait dans le feuilleton *Cheers*, avec une décoration plus raffinée et une meilleure table.

Le Governor ne manque pas d'agréments même pour ceux qui n'ont pas envie de sortir. Les repas servis dans la chambre viennent tout droit du Jake's, et les chambres du dernier étage de l'aile ouest sont équipées, pour l'hiver, d'une cheminée qui marche au gaz (il suffit d'appuyer sur un bouton), et, pour l'été, d'une grande terrasse avec vue.

Il est également idéal pour une remise en forme. Installée dans le sous-sol de l'immeuble, la salle de sport du Princeton Fitness Club est la plus grande, la mieux équipée et celle qui offre le plus grand choix d'activités de tout Portland. Michael « Air » Jordan et les Chicago Bulls sont les dernières vedettes à s'y être entraînées... Sans parler de Nike, installée à Portland.

Adresse : Le Governor Hotel, 611 Southwest 10 th at Alder street, Portland, OR 97205, USA
Téléphone : (1) 503 224 34 00 - **Fax** : (1) 503 241 21 22
Chambres : à partir de 185 US$ (suites à partir de 200 US$)

Albergo del Sole al Pantheon

L'Albergo del Sole al Pantheon est le plus ancien hôtel de Rome toujours en activité. C'est aussi le mieux situé, donnant directement sur le plus extraordinaire des vestiges antiques de la ville, le Panthéon. Ce temple monumental, édifié par l'empereur Hadrien au IIe siècle apr. J.-C., et converti en église chrétienne depuis le début du VIIe siècle, a été dessiné et peint d'innombrables fois. À la différence de bien d'autres ruines antiques, devenues de simples curiosités (le Forum servit de pâture pour les vaches pendant une grande partie du XIXe siècle), le Panthéon est toujours un lieu de culte, aujourd'hui utilisée comme église, l'une des plus spectaculaires et des plus insolites de la ville. Quant à la piazza della Rotonda sur laquelle il se dresse, c'est un des rendez-vous favoris des Romains depuis le Moyen Âge.

Plus de trois heures sont nécessaires pour visiter intégralement l'édifice. Confronté à cette architecture grandiose, et notamment à la hauteur impressionnante de la coupole centrale, près de cinquante mètres, on a du mal à croire ce bâtiment si ancien. Le plus extraordinaire est qu'il soit à ciel ouvert. Quand il pleut, l'eau pénètre par le sommet de la coupole et traverse l'immense voûte incrustée d'or pour tomber sur le pavement de marbre à motif géométrique, créant de petites flaques dans les creux laissés par deux mille ans de piétinements. Rome recèle quantité d'autres vestiges magnifiques, mais aucun qui soit aussi fascinant que celui-ci, demeuré lieu de prière aujourd'hui comme à l'époque où les Romains entraient par l'admirable porte de bronze, toujours visible, pour adorer leurs dieux.

Toutes proportions gardées, l'Albergo del Sole procure un même sentiment de continuité, de relation ininterrompue avec un passé reculé. Une plaque sur la façade terre de Sienne légèrement fanée indique que le bâtiment sert d'auberge depuis 1467.

En entrant dans l'hôtel, la première impression est pourtant que toute trace de cet impressionnant héritage a disparu. Comment croire qu'ont séjourné ici Arioste, poète du XVIe siècle, ou le comte Cagliostro, aventurier et alchimiste du XVIIIe siècle (qui fut arrêté pour avoir frappé l'un des domestiques de l'auberge pendant son séjour) ou, plus près de nous, Jean-Paul Sartre et Simone de Beauvoir. L'intérieur est propre, simple et blanc, le sol dallé de terre cuite, l'entrée meublée avec parcimonie. Les chambres sont à l'identique, murs blancs, dallage de terre cuite, avec un magnifique lit ancien ; c'est à peu près tout. On a le sentiment que seule la façade témoigne de l'extraordinaire passé de cet hôtel. Jusqu'au moment où, allongé dans son lit et levant les

Albergo del Sole al Pantheon

yeux, on découvre un magnifique plafond peint à la main, datant du milieu du XVIᵉ siècle, demeuré intact et contrastant avec la sobriété du reste de l'hôtel.

C'est là un exemple caractéristique de cette décontraction des Romains à l'égard de leur histoire qui rend la ville si agréable à visiter. Entourés de tous côtés de fabuleux vestiges, ils ne se soucient pas de tout préserver. Certains éléments suffisamment importants sont conservés ; les autres sont intégrés tout naturellement à leur cadre de vie.

Ici, les repas sont un moment capital et passent avant tout autre chose. Même dans une petite auberge comme l'Albergo del Sole, on a réussi à sauvegarder un peu de place pour une cuisine et une salle à manger, au demeurant fort difficile à trouver. Sept siècles de modifications, d'extensions et de rénovations ont fini par créer un véritable labyrinthe d'escaliers et de portes. Par deux fois, convaincu d'avoir enfin trouvé la salle à manger, je me suis allègrement engouffré dans la chambre d'un autre client. Ce n'est qu'en suivant l'odeur du café frais (et quelques habitués) que j'ai pu trouver la cour secrète réservée au petit déjeuner : une charmante terrasse abritée entre des bâtiments à l'ocre pâlissante, aux vieux volets de bois grinçants, envahis par le lierre.

Ce sont ces surprises qui rendent Rome si particulière. Où que vous alliez, vous ne resterez jamais bien longtemps sans trouver un endroit délicieux où vous restaurer. Pour éviter les pièges à touristes, la règle est simple : ouvrez la porte, et écoutez. Si vous n'entendez parler qu'italien (plus ils parlent fort, mieux c'est), demandez une table. C'est votre première tentative ? Commandez *l'antipasto*, puis la *pizza capricciosa*. Les Romains sont célèbres dans toute l'Italie pour prendre le temps de déguster (parmi les spécialités, citons la *saltimbocca* et les lasagnes), et il existe une multitude de bonnes adresses. Tout le plaisir consiste à les découvrir. Oubliez votre guide touristique, et rappelez-vous juste cela : plus il y a de Romains, meilleur est l'endroit. S'il n'y en aucun, passez votre chemin.

Adresse : Albergo del Sole al Pantheon, piazza della Rotonda 63, 00186 Rome, Italie
Téléphone : (39) 06 678 04 41 - **Fax** : (39) 06 994 06 89
Chambres : à partir de 360 000 L ou 186 € (suites à partir de 600 000 L ou 310 €)

Hôtel Eden

De tout temps, Rome fut considérée comme une destination. Dès le Haut Moyen Âge, aucun Hun digne de ce nom et de ses galons barbares ne pouvait résister à la tentation de mettre à sac, au moins une fois dans sa vie, l'antique cité. Lorsque l'éducation aristocratique prôna le tour d'Europe, les jeunes lords pillant la Toscane au nom de la culture gardèrent toujours le meilleur pour la fin. Dernière étape de leur itinéraire, Rome couronnait une ou deux années de découvertes (et de débauche). Plus près de nous, le tourisme est aussi intrinsèquement lié à Rome que l'Église catholique. Depuis qu'un couple d'Allemands, Francesco et Berta Nistelweck, ouvrit, il y a cent ans, le bien nommé Eden, cet hôtel est une référence absolue dans l'une des villes les plus visitées au monde. Et les hôtes célèbres ne manquent pas : Ernest Hemingway, Orson Welles ou Ingrid Bergman ont élu domicile, à un moment ou à un autre, dans cette maison des années 1900 sise en plein cœur de Rome.

De tous les établissements prestigieux de la Ville éternelle, l'Eden est celui qui mérite qu'on y laisse toutes ses économies. C'est la superstar des hôtels romains. Raffiné mais sans exagération, sophistiqué mais sans ostentation, chic mais sans snobisme, il a le faste des *Vacances romaines* et l'insouciance d'une Audrey Hepburn sur la Vespa de Gregory Peck. L'Eden est l'incarnation même de l'élégance moderne, avec, en prime, cette inimitable patine romaine.

Son atout maître, c'est la vue. Rome s'étend littéralement sous vos yeux. Situé au sommet d'une colline boisée d'où il domine la ville, l'hôtel Eden embrasse tout à la fois l'escalier de la place d'Espagne, la piazza Venezia, le Vatican et le Tibre. Aucun autre hôtel ne peut se vanter d'offrir un panorama d'une telle richesse : tous les sites de la Rome antique, mieux que sur une carte postale. Situé juste derrière l'escalier de la place d'Espagne, l'Eden est à moins de trois minutes à pied des plus célèbres artères commerçantes de Rome. Et, à en juger par le nombre de clients remontant à l'hôtel les bras chargés de paquets, cette proximité offre bien des tentations. Quant à ceux qui préfèrent les visites culturelles, ils peuvent facilement accéder à pied aux plus célèbres monuments romains.

Son deuxième atout, c'est sa table. Situé sur le toit de l'hôtel, le restaurant La Terrazza pourrait afficher complet rien que pour sa vue panoramique saisissante et sa terrasse en plein air, si agréable pour le déjeuner. Ajoutez à cela la recommandation du *Michelin* pour la cuisine d'Enrico Derflingher, ancien chef du prince et de la princesse de Galles au palais de Kensington, et vous obtenez un doublé difficile

Ce chérubin doré est un des seuls clins d'œil de l'hôtel Eden aux clichés décoratifs de Rome.

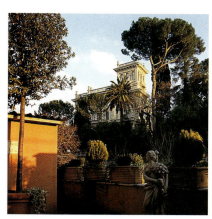

La terrasse de la suite présidentielle, avec ses 100 m² dallés de terre cuite, donne sur les jardins d'une villa voisine.

Éminemment romaines, ces rayures colorées rappellent l'uniforme si particulier de la garde suisse du pape.

La cuisine du chef Enrico Derflingher a valu à La Terrazza de figurer en bonne place dans le *Michelin*.

Olga Polizzi a l'art de repérer les plus belles pièces, tels ce spectaculaire miroir vénitien et ce tabouret de doge.

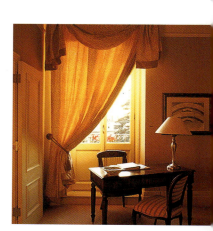

Le drapé asymétrique des rideaux est la seule note extravagante dans cette harmonie toute d'élégante sobriété.

Une nature morte contemporaine, à l'entrée de La Terrazza, résume le classicisme décontracté de cet intérieur.

Situé sur le toit, le restaurant La Terrazza bénéficie d'une vue aussi extraordinaire que la cuisine qu'on y sert.

Cinq étoiles sans formalisme outrancier : l'Eden est le moins prétentieux des hôtels prestigieux de Rome.

Bleu roi et bois doré ressortent comme des bijoux sur l'étincelant blanc cassé de l'accueil.

Quelques antiquités se détachant sur un fond d'une neutralité calculée s'allient à merveille au classicisme de la ville.

Des fresques en trompe l'œil décorent les murs de la chambre favorite de Tom Cruise et Nicole Kidman.

Derrière la porte vitrée, une plaque commémore la réouverture de l'hôtel par Margaret Thatcher en 1994.

Le bar de l'hôtel offre une vue magnifique embrassant les sept collines de Rome.

Le sol en terrazzo poli de l'entrée est un élément de décoration typiquement romaine.

Avec sa vue sur les jardins de la Villa Médicis, la terrasse extérieure, est idéale pour un dîner *al fresco*.

Ne lésinant pas sur le marbre (nous sommes à Rome !), les salles de bains du 4e étage possèdent leur propre terrasse.

Cette chambre d'angle témoigne du classicisme intemporel mais jamais convenu de l'Eden.

Hôtel Eden

à battre. Proposant une carte d'inspiration contemporaine et méditerranéenne, ce restaurant est devenu l'une des adresses incontournables de Rome. Signe qui ne trompe pas, surtout pour un restaurant d'hôtel : il y a là plus de Romains que d'hôtes.

Fermé pendant deux ans pour rénovation complète, l'hôtel Eden a rouvert ses portes en 1994. La décoratrice Olga Polizzi, en collaboration avec Richard Daniels, rend hommage à la ville sans jamais tomber dans le cliché (pas la moindre colonne romaine ni le moindre buste de César à l'horizon, Dieu merci !).

Baigné d'histoire et de culture, le nouvel Eden joue la carte du classicisme et de l'intemporalité. À première vue, cette entrée blanc cassé, élégante, meublée avec goût, judicieusement ponctuée de tableaux et d'antiquités, pourrait être celle d'un hôtel parisien ou londonien s'il n'y avait ces quelques touches indubitablement romaines : ces coussins de velours à rayures colorées, par exemple, clin d'œil direct et humoristique aux célèbres uniformes rayés de la garde suisse du pape, dessinés par Michel-Ange, dit-on ; ou ce sol immaculé en terrazzo poli, si typiquement romain. Dans l'entrée figurent deux bustes couleur bronze du céramiste anglais d'avant-garde, Oriel Harwood, hommage contemporain au classicisme emblématique de Rome.

Dans tout l'hôtel, touches de couleur et détails éclatants se détachent sur des murs aux tons sobres, faisant écho à une ville tantôt simple et modeste comme un village tantôt baroque à vous couper le souffle. Mais tout cela ne serait pas Rome sans une pointe d'extravagance, et cette extravagance, à l'Eden, c'est la suite royale. Décorée de fresques étrusques en trompe l'œil, sa véritable folie est une immense terrasse dallée de terre cuite, très prisée des « princes » d'Hollywood. Du temps où Kenneth Branagh et Emma Thompson formaient un duo de choc, c'était là leur salon romain. Audrey Hepburn en personne, de retour de sa longue virée en scooter, moulée dans son superbe fourreau Givenchy, s'y serait sentie comme chez elle.

Adresse : Hôtel Eden, via Ludovisi, 00187 Rome, Italie
Téléphone : (39) 06 478 12 1 - **Fax** : (39) 06 482 15 84
Chambres : à partir de 550 000 L ou 284 € (suites à partir de 900 000 L ou 465 €)

Hôtel Locarno

Petit, intime, sophistiqué et très stylé, l'hôtel Locarno est régulièrement élu meilleur hôtel trois étoiles de Rome… et ce, par la presse italienne, c'est tout dire. L'hôtel est très apprécié des réalisateurs de films. En fait, avec sa cage d'ascenseur Belle Époque, son dallage en terrazzo et son authentique mobilier Art nouveau en bois courbé, on se croirait dans un décor de cinéma. Le genre d'endroit où l'on voit des femmes brunes, moulées de noir et chaussées de mules Manolo Blahnik, arriver en moto pour aussitôt disparaître dans l'ascenseur, et ne plus jamais reparaître. Non content de ressembler en tout point à un décor de roman d'Agatha Christie, le Locarno est une véritable énigme : il a beau être presque toujours complet, on n'y voit pratiquement jamais personne, et si l'on aperçoit quelqu'un, on peut être quasiment sûr qu'il va s'éclipser sans bruit à la moindre alerte. C'est l'un des rares établissements où presque personne ne se montre pour le petit déjeuner. Ce n'est certes pas une adresse pour lève-tôt, ni pour les rendez-vous ou petits déjeuners d'affaires.

L'intérieur de l'hôtel témoigne des nombreux voyages qu'ont effectués (et qu'effectuent toujours) les propriétaires, mère et fille, à travers l'Europe, à la recherche de meubles anciens. Au fil des ans, elles se sont constitué une belle collection de pièces Art nouveau, Belle Époque et Art déco, périodes qui les passionnent le plus. En fait, le Locarno est le lieu privilégié où Maria Teresa Celli et sa fille Caterina Valente peuvent sans limites déployer leurs talents. Le bar et la salle à manger, avec une cheminée pour l'hiver, rassemblent un nombre impressionnant de meubles originaux en bois courbé de la maison Thonet, de même que la salle où se prennent les petits déjeuners en hiver, plus petite et donnant sur le jardin intérieur. Même les fenêtres, côté rue, ont été commandées à un architecte, dans le style Art nouveau. Elles sont si réussies qu'on les jurerait d'époque. L'hôtel dispose aussi d'un jardin sur les toits, au sixième étage, d'où l'on domine le Tibre et les coupoles des églises de la piazza del Popolo. C'est là qu'est servi le petit déjeuner en été, saison qui commence à Rome dès le mois de mars. Ce serait l'endroit idéal où débuter la journée, s'il se trouvait seulement quelques hôtes pour être debout à cette heure-là.

Dans une ville particulièrement gâtée par le tourisme, les pièges à touristes ne manquent pas. Celui-ci n'en est pas un. Son aménagement soigné crée une atmosphère qui n'a rien d'impersonnel, et c'est ce qui plaît à sa clientèle. Il est en outre idéalement situé, un grand atout dans une ville où l'on devrait – à vrai dire, où l'on doit – marcher. Comment

L'hôtel Locarno possèdent une extraordinaire collection de mobilier en bois courbé du début du siècle.

Tête de lit en fer forgé et tables de chevet anciennes signent la décoration très personnelle de chaque chambre.

Cette ancienne vasque pour oiseaux en pierre sert désormais de lavabo dans les toilettes du restaurant.

Avec sa double vue sur cour et sur rue, le bar Art nouveau est très prisé pour un *espresso* le matin ou une *grappa* le soir.

Avec son ambiance de film noir, le Locarno est le rendez-vous des artistes, acteurs et photographes.

En été, le toit-terrasse permet de prendre le petit déjeuner en admirant les clochers de la piazza del Popolo.

peut-on espérer tomber sur un de ces superbes petits restaurants cachés dans une venelle et fréquentés par les seuls habitants du quartier, si ce n'est à pied, ou à la rigueur en Vespa ?

L'hôtel Locarno est à deux pas de la piazza del Popolo, la plus grande place de Rome, et de la via del Corso ; vous y serez donc à pied d'œuvre pour faire les magasins. À moins que vous ne préfériez prendre d'abord un cappuccino ou un petit en-cas au Rosati, élégant café et salon de thé d'où l'on embrasse toute la piazza del Popolo, répertoriée dans quasiment tous les guides comme l'endroit idéal pour s'asseoir à une terrasse et profiter du spectacle de la rue. Elle est aussi parfaite pour prendre le soleil et côtoyer des Romains – quel luxe – en sus des touristes.

Puis vient le temps des emplettes. Suivez la via del Corso en léchant les vitrines jusqu'à l'escalier de la place d'Espagne, où vous viendra peut-être l'envie de descendre jusqu'à la via Condotti, fief des couturiers : Gucci, Prada et bien sûr l'enfant du pays, Valentino. À présent que vous avez rejoint le flot des touristes, arrêtez-vous au Caffè Greco. Cette vénérable institution romaine à l'heure du thé (depuis les années 1750) mérite toujours une petite halte.

La chose est entendue : l'hôtel Locarno est l'adresse idéale pour tous ceux qui aiment se prendre en charge et ne comptent pas sur leur hôtel pour les dorloter et s'occuper de tout. Très prisé des écrivains, photographes, réalisateurs de cinéma et musiciens, il donne plus l'impression d'un immeuble d'habitation du style film noir que d'un hôtel conventionnel.

Comme le souligne *Vogue* : « L'hôtellerie a toujours été un secteur lucratif à Rome : compte tenu du flot régulier et captif des pèlerins de la culture et de la religion, la plupart des hôteliers de la ville jugent inutile de gâcher leur argent, leurs forces et leur imagination à améliorer la qualité de leurs établissements. Il existe des dizaines d'hôtels miteux occupant de pittoresques anciens couvents, palais et villas, mais bien peu de petits hôtels de qualité, dotés d'un véritable charme. » En voilà au moins un !

Adresse : Hôtel Locarno, via della Penna 22, 00186 Rome, Italie
Téléphone : (39) 06 361 08 41 - **Fax** : (39) 06 321 52 49
Chambres : à partir de 250 000 L ou 129 € (suites à partir de 390 000 L ou 201 €)

Hôtel Monaco

L'hôtel Monaco ne ressemble à aucun autre établissement d'Amérique du Nord ; mais San Francisco, non plus, ne ressemble à aucune autre ville des États-Unis. Depuis la ruée vers l'or, dans les années 1850, San Francisco n'a cessé d'être une destination en vogue. Dans quelle autre cité américaine trouve-t-on autant d'hôtels ? Et, phénomène plus curieux, dans ces hôtels, la clientèle semble se répartir par secteur professionnel. Ainsi l'hôtel Rex accueille-t-il surtout des écrivains, et le Phoenix (voir p. 231) des stars du rock. S'étonnera-t-on dès lors que San Francisco ait vu naître cette nouvelle race d'hôtels au luxe revu et corrigé.

Le Monaco a tous les ingrédients du grand hôtel traditionnel : un imposant escalier de marbre, des plafonds vertigineux, de vastes cheminées, un mobilier somptueux, un personnel pléthorique et un faste prodigieux. Et, comme dans tout hôtel de luxe, on y trouve une table renommée, un bar bondé, et un flot incessant de gens qui arrivent ou partent, prennent rendez-vous pour dîner ou sortent au théâtre, bref, l'agitation classique d'une clientèle aisée. Mais l'hôtel Monaco n'affiche aucunement l'air guindé généralement de mise.

C'est un hôtel chic mais pour une nouvelle génération. Il faut bien l'avouer, les grands hôtels sont rarement très drôles. Se faire dorloter est un vrai délice dont la contrepartie habituelle est une atmosphère étouffante de club de bridge. Sans parler de ce calme et de cette confidentialité, véritable épreuve pour les nerfs ! Au Monaco, le luxe du grand hôtel s'accompagne de manières plus jeunes, plus enjouées. Nous sommes loin d'un modernisme intransigeant à la Philippe Starck, prenant le contre-pied de toutes les conventions, et plus près d'un détournement subtil de la tradition, façon Chanel juniors (s'il existait) : le tailleur et les perles sont toujours là, mais avec des jambes plus jeunes et une jupe plus courte.

Le Monaco est l'hôtel phare du Kimpton Group, véritable empire d'hôtellerie et de restauration fondé par Bill Kimpton, originaire de Kansas City. Sa philosophie est de combiner table et design d'une manière qui ne soit pas trop sélecte. Si l'on en juge par ses hôtels à Chicago, Seattle et Los Angeles, et par une demi-douzaine de restaurants dans la baie de San Francisco, c'est une formule qui marche.

À San Francisco, le Grand Café de l'hôtel Monaco est bel et bien connu et reconnu. Sa situation, en plein centre-ville, à proximité d'Union Square, en a fait un lieu de rendez-vous très pratique. Désormais, il a quitté le hit-parade des endroits branchés pour vivre sur sa réputation de lieu intime et confortable qui en fait un véritable point de ralliement pour les gens du quartier… du moins ceux qui ont des moyens à la hauteur de leurs goûts.

Placé sous le signe de l'art contemporain, le bar du Monaco est aussi couru que le restaurant.

La décoration use habilement des rayures et de la couleur pour créer une ambiance chic et confortable.

La réception du Monaco est composée d'un empilement d'anciennes malles de voyage Louis Vuitton.

Hôtel de luxe pour une nouvelle génération, le Monaco joue les grands classiques dans une version moderne.

Le restaurant, dans la tradition des grandes brasseries, est également fréquenté par les habitants de la ville.

Le mélange dynamique de matières, de couleurs et de motifs donne un côté très pimpant à la décoration du Monaco.

Hôtel Monaco

Le Grand Café est un excellent exemple de ce qui fait le succès de Kimpton. À la clé, un restaurant qui n'a absolument rien de commun avec une salle à manger d'hôtel. Il donne l'impression d'avoir d'abord été un restaurant, un bar ou peut-être même une brasserie très populaire, comme si les chambres avaient été ajoutées dans un second temps (je serais prêt à parier, d'ailleurs, que beaucoup de gens viennent dîner sans imaginer que le Monaco est aussi un hôtel). De par ses dimensions et son luxe, le Grand Café évoque les prestigieux hôtels du passé, mais la cuisine et l'ambiance sont en revanche bien contemporaines, et uniques. Malgré sa grande capacité, le restaurant est plein sept jours sur sept, du petit déjeuner au dîner, et avec bien d'autres clients que ceux de l'hôtel. Il ne suffit pas de séjourner au Monaco pour être certain de pouvoir y réserver une table.

Ce succès est en grande partie dû à la décoratrice d'intérieur Cheryl Rowley et à sa manière très personnelle de « relooker » la tradition. Son talent est particulièrement bien mis en évidence dans les chambres. Couleurs, motifs et matières créent une ambiance chaleureuse et originale qui masque avec brio la taille souvent réduite des chambres – ce dont on se moque, d'ailleurs. Toutes ces rayures, ces coussins, ce mobilier sont si accueillants que les proportions de la chambre ne font que renforcer l'impression d'intimité.

De la réception – dont le comptoir semble à première vue constitué d'un empilement de vieilles malles de voyage Louis Vuitton – aux montgolfières et nuages peints au plafond ; de la profusion de motifs et de couleurs aux lustres sophistiqués, tous les éléments de décoration traditionnels ont été repensés. À en juger par le taux d'occupation, c'est un style qui plaît. Associez, à la manière de Kimpton, une table de qualité, un service irréprochable et une décoration raffinée, et vous tenez la formule gagnante. Ce qu'elle démontre clairement, c'est qu'au royaume des grands hôtels, l'originalité compte autant que le respect de la tradition, notamment en matière de qualité de service et de prestations de luxe. À condition de bien doser l'originalité. Point trop n'en faut.

Adresse : Hôtel Monaco, 501 Geary street, San Francisco, CA 94102, USA
Téléphone : (1) 415 292 01 00 - **Fax** : (1) 405 292 01 11
Chambres : à partir de 199 US$ (suites à partir de 409 US$)

Le Phoenix

Coincé entre des immeubles crasseux, les salons de massage et les cinémas pornos du quartier miteux (« excitant », selon la revue *Buzz*) de Tenderloin, le Phoenix est incontestablement installé dans les bas-fonds de San Francisco. À leur arrivée à la porte de l'hôtel, les nouveaux clients, attirés par la réputation « rock and roll » de l'hôtel, ont souvent tendance à croire que le chauffeur de taxi s'est trompé d'adresse.

Le Phoenix a la cote auprès des musiciens. Avec son adresse douteuse et tout ce qu'en disent la presse et la télévision, il s'est fait une jolie réputation de mauvais garçon (qui, évidemment, renforce sa popularité). On raconte énormément de choses sur ce qui se passe au Phoenix, et si certaines histoires sont vraies – comme celle d'un groupe de reggae qui aurait jeté toutes les plantes de l'hôtel dans la piscine –, la plupart servent uniquement à augmenter les tirages d'une certaine presse. Une chose ne fait en revanche aucun doute : les vedettes de rock aiment cet endroit. Vous pouvez en demander confirmation à Sonic Youth, aux Red Hot Chili Peppers, à Radiohead, aux Beastie Boys, à Erasure, à David Bowie, aux Hoodoo Gurus, à REM, à Ziggy Marley, à Sinead O'Connor, à Debbie Harry ou à Tracy Chapman, pour n'en citer que quelques-uns. Facile à comprendre : le quartier n'est pas trop « chichiteux » et l'hôtel a un grand parking. Non seulement les clients musiciens peuvent faire beaucoup de bruit, mais leurs techniciens savent où garer leur semi-remorque.

Pourtant, le Phoenix n'est pas réservé aux seuls groupes interdits de séjour ailleurs. La liste des hôtes célèbres n'appartenant pas à la sphère « rock » est presque embarrassante de respectabilité : on y trouve des noms aussi inattendus que celui de John Kennedy Junior. À quoi tient donc le succès de l'hôtel ? Tout simplement, à ce qu'il est « cool ». À première vue, on le prendrait même pour un de ces motels que l'on voit dans les films (dans *Thelma et Louise* ou dans *Pulp Fiction*). À un détail près : il est situé en plein cœur de la ville. Ancien hôtel de passe, sans doute promis à la démolition, le Phoenix a été sauvé à la fin des années quatre-vingt par un homme d'affaires spécialisé en hôtellerie, Chip Conley (à qui l'on doit aussi l'hôtel Rex, voir p. 237). En apparence donc, il a tout du parfait motel américain. Mais ne vous y fiez pas. À l'abri d'une façade des années cinquante rose saumon et turquoise, se cache un espace savamment conçu et une collection d'œuvres d'art. À l'instar des boîtes de soupe d'Andy Warhol ou des bandes dessinées de Roy Lichtenstein, le motel – emblème familier de

Le Phoenix

l'Amérique – est utilisé pour exprimer autre chose. Une gigantesque fresque de l'artiste new-yorkais Francis Forlenza, et près de deux cent cinquante autres œuvres d'art contemporain disposées dans tout l'hôtel, ont transformé un lieu parfaitement commun en un espace complètement inédit. Les clients en sont-ils conscients ? Apparemment oui, si l'on en croit Anthony Kiedis, chanteur du groupe Red Hot Chili Peppers. Pour lui, le Phoenix est « l'hôtel le plus stimulant de tout San Francisco, sexuellement, intellectuellement et culturellement parlant ».

Et pourtant, dans la journée, le Phoenix est complètement mort. On ne devinerait jamais que l'hôtel est complet. En fait, tout le monde dort encore. Ce n'est qu'à la nuit tombée qu'il commence, comme tout phénix qui se respecte, à renaître à la vie. Une fois que l'ambiance y est, le bar-restaurant de l'hôtel, le Backflip, avec sa décoration « bar de Las Vegas, fin des années cinquante » crée l'illusion d'une fête au bord d'une piscine : cabines de plage intimes et exotiques, cheminée recouverte de miroirs, banquettes de skaï bleu, mobilier en plastique des années cinquante et rangée de fontaines éclairées. Le Backflip bénéficie en permanence de l'atmosphère survoltée d'une fête organisée pour le lancement d'un disque. C'est un lieu invraisemblablement bondé et branché, et il n'est pas donné à tout le monde d'y entrer. En tant que client de l'hôtel, néanmoins, vous êtes non seulement assuré d'un laissez-passer, mais vous avez en plus l'avantage non négligeable de n'avoir que la cour à traverser en fin de soirée.

Et les chambres ? Il y en a quarante-quatre, chacune décorée dans le style « bungalow tropical ». Toutes donnent sur le bassin peint de dix mètres, en forme d'ellipse, intitulé : « mes quinze minutes – vagues déferlantes ». La décoration des chambres mélange des œuvres d'artistes prometteurs avec un bric-à-brac kitsch tropical, créant une ambiance chaleureuse dont les hôtes semblent très vite tomber amoureux. Pourtant, comme ils le disent : « Si vous vous rappelez à quoi ressemblait votre chambre, c'est probablement que vous n'êtes pas descendu au Phoenix. »

Adresse : Le Phoenix, 601 Eddy street, San Francisco, CA 94109, USA
Téléphone : (1) 415 776 13 80 ou (1) 800 248 94 66 - **Fax** : (1) 415 885 31 09
Chambres : à partir de 109 US$ (suites à partir de 149 US$)

Hôtel Rex

L'hôtel Rex a l'ambiance d'un club littéraire. Bien qu'il ait ouvert récemment, on dirait un décor de film américain des années trente. C'est le genre d'endroit, vaguement sombre et mystérieux, où l'on imagine sans peine la présence d'Humphrey Bogart, de Robert Mitchum, ou de tout autre détective un peu rude traînant son éternel imperméable. Il évoque un style d'hôtel que l'on n'a plus revu depuis *Le Faucon maltais* de John Huston.

Le Rex a vraiment l'âme d'un hôtel pour écrivains, et c'est exactement ce que voulait son propriétaire en rachetant, en septembre 1996, l'ancien Orchard Hotel. Le groupe Joie de Vivre, installé à San Francisco, spécialisé dans la gestion des petits hôtels mais également propriétaire du Phoenix (voir p. 231) et du Commodore Hotel, a transformé cet hôtel avec l'idée de recréer, sur la côte Ouest, l'Algonquin des années 1920, légendaire lieu de rendez-vous de Dorothy Parker et du milieu littéraire dynamique et aisé de New York.

Les références littéraires inspirent fortement la décoration intérieure. L'hôtel a un petit bar à l'accueil, mais pas de restaurant. En revanche, il possède une vraie bibliothèque, avec des éditions originales reliées en cuir et des mètres et des mètres de rayonnages, de vitrines et de lambris en acajou. Entourés de livres, les hôtes y prennent leur petit déjeuner ; des déjeuners littéraires y sont également organisés, et, le soir, on s'y réunit pour prendre un verre. L'atmosphère intellectuelle, intime et sophistiquée est renforcée par une collection impressionnante d'art californien des années trente, des abat-jour peints à la main et de grands clubs confortables frappés d'un monogramme.

Sur les murs des couloirs, figurent des citations de Dashiell Hammett et de John Steinbeck ; un collage de pages de registres sociaux de l'entre-deux-guerres habille les portes de l'ascenseur. À l'opposé de la décoration souvent gentillette proposée par la plupart des petits hôtels, les chambres du Rex sont audacieusement simples et masculines : une moquette bordeaux foncé rayée de bleu et jaune, un mobilier en bois sombre et ciré, des couvre-lits à carreaux verts et blancs. Dans les plus grandes chambres, le mobilier et la décoration recréent à leur manière une ambiance littéraire.

Un des atouts majeurs du Rex est sa situation privilégiée sur Sutter street, bien connue pour ses galeries et ses magasins d'antiquités. Union Square, Chinatown et toutes les boutiques et restaurants les plus prestigieux de San Francisco ne sont qu'à quelques minutes à pied. Le quartier central des affaires est aussi tout proche : l'hôtel propose une salle

Hôtel Rex

à manger et un service traiteur pour l'organisation de réceptions et de colloques.

Le Rex s'est rapidement fait un nom dans les milieux artistiques de la ville. C'est l'hôtel du Festival international du film de San Francisco, et c'est entre ses murs qu'auront lieu plusieurs lancements littéraires. Howard Junker, rédacteur en chef de *ZYZZYVA*, magazine littéraire de San Francisco, est lui aussi très enthousiaste : « C'est un endroit magnifique, et nous sommes très impatients à l'idée d'y organiser lectures ou déjeuners littéraires. » Kenneth Howe, qui écrit pour *Chronicle*, résume bien les choses : « Le Rex est le spécialiste de l'ambiance. »

Il suffit d'avoir vu les autres hôtels du groupe Joie de Vivre, tel le Phoenix, pour reconnaître la patte très personnelle de Chip Conley. Il doit sa réussite à une politique de développement de petits hôtels ciblant une clientèle précise. Le Rex est destiné aux écrivains, le Phoenix aux rockers ; ou, plus exactement, la cible du Rex, ce sont les écrivains, les bibliophiles et ceux qui rêvent de devenir écrivains, et la cible du Phoenix, ce sont les musiciens et ceux qui rêvent d'appartenir un jour au milieu musical. Cette projection de nos fantasmes n'est certes pas une idée nouvelle dans le domaine du marketing. L'industrie de la mode, entre autres, l'utilise depuis des années. Mais Conley est l'un des premiers à l'appliquer au marketing des petits hôtels.

Pour ceux qui seraient instinctivement rebutés par l'idée d'un hôtel à thème, il faut préciser qu'il s'agit simplement d'une évocation, d'une source d'inspiration. Le Rex n'a rien à voir avec un quelconque Disneyland de la littérature. Les architectes d'intérieur Ted Boerner et Candra Scott (également décoratrice du Governor Hotel à Portland, voir p. 203) se sont contentés de quelques accessoires – vieux livres, tableaux anciens et fauteuils clubs – pour suggérer une atmosphère unanimement décrite par les médias américains comme celle d'une authentique « tanière littéraire ».

Adresse : Hôtel Rex, 562 Sutter street, San Francisco, CA 94102, USA
Téléphone : (1) 415 433 44 34 ou (1) 800 433 44 34 - **Fax** : (1) 415 433 36 95
Chambres : à partir de 145 US$ (suites à partir de 575 US$)

Regents Court

On oublie facilement que Sydney compte cinq millions d'habitants. Séduit par les plages et le surf, enchanté par l'une des rades les plus pittoresques au monde, aveuglé par l'éclatante lumière de l'hémisphère Sud, qui pourrait prétendre que cette ville n'a pas des allures de station balnéaire. En fait, Sydney est une métropole d'un genre nouveau : une ville qui, comme Miami et Barcelone, est à la fois convaincante sur le plan urbain, et ouvertement hédoniste. Les lecteurs de la revue américaine *Travel and Leisure* la désignent régulièrement comme la destination urbaine la plus tentante au monde. Sydney est une capitale noyée de soleil qui, en prime, sait ce qu'est un café sympa. Regents Court, petit hôtel stylé au cœur de la ville, participe à cette tradition : c'est l'endroit rêvé pour profiter des meilleurs cafés, bars et restaurants de la ville. À l'heure du repas (moment que les habitants de Sydney prennent très au sérieux), cette métropole n'a pas de rivale en Australie.

Sur le plan culinaire, on ne trouve plus trace de l'héritage des Anglais. Il y a trente ans, figurait encore couramment à la carte des restaurants le rôti de bœuf au Yorkshire pudding. Une aberration sous un climat sub-tropical ! Aujourd'hui, la tendance est plutôt aux huîtres de Sydney et au thon à nageoire bleue (une espèce du sud de l'Australie) à peine saisi. Ce pays a désormais sa propre cuisine qui s'est élaborée en intégrant différentes traditions. Point de départ, le goût des Méditerranéens pour le poisson frais, les légumes au four et l'huile d'olive. Mais, proximité de l'Asie oblige, ce goût s'est modifié par l'ajout d'épices thaïes, indonésiennes ou vietnamiennes. La cuisine australienne se distingue avant tout par la qualité inégalée de ses matières premières.

Les gourmets ne devraient donc pas pâtir de l'absence de restaurant au Regents Court. Entouré comme il l'est de quelques-uns des meilleurs restaurants de Sydney, l'hôtel ne ferait que priver ses hôtes d'aventures culinaires. En revanche, l'établissement dispose d'un spectaculaire jardin sur le toit, planté d'oliviers, de buddleias, d'orchidées, de lauriers-roses, d'agapanthes, de ficus, d'hortensias blancs et de frangipaniers. À l'ombre de ce jardin suspendu, les hôtes peuvent goûter quelques produits exotiques merveilleusement frais en provenance directe des célèbres halles aux poissons de Sydney. Ils ont, en effet, toute liberté pour allumer un barbecue et griller à leur façon des Balmain bugs (crustacés locaux qui ne dépareraient pas dans *Perdus dans l'espace*). Donnant d'un côté sur la ville, de l'autre sur l'Opéra et Harbour Bridge, le toit-terrasse est un espace typiquement « sydneien » où les hôtes de Regents Court sont invités à se détendre.

En fait, le seul espace encore libre était cette terrasse, le reste de cet immeuble bourgeois des années 1920 étant déjà alloué aux chambres. Parées de couleurs riches et profondes (chocolat, bleu nuit), de somptueuses tapisseries, de damas teints et d'une collection enviable de meubles de design contemporain signés Mies Van der Rohe, Harry Bertoia, Marcel Breuer, Verner Panton, Josef Hoffmann, Eileen Gray ou Charles et Ray Eames, ces pièces ressemblent plus à l'appartement d'un architecte raffiné qu'à des chambres d'hôtel. Conçue en 1990, la décoration s'est avérée très en avance sur son temps. Sobres, sombres, très belles, les chambres sont dans la droite ligne du style sans apprêt, séduisant et moderne désormais promu par Gucci, le type même d'intérieur aujourd'hui recherché par les magazines de décoration. À l'image du design raffiné des restaurants et des bars aux alentours, l'architecte et ses partenaires de l'agence D4 ont repoussé la tentation d'une simplicité « cabanon de plage » trop convenue et opté pour une sobriété typiquement urbaine.

Pour réaliser ce superbe aménagement, « la famille » a dépensé une fortune en mobilier. La famille, ce sont les MacMahon. Tom MacMahon et sa femme Paula gèrent la maison ; son frère, Bill, en a été l'architecte ; enfin, Betty MacMahon, chef de la famille, aidée de sa sœur Enid, s'occupe du jardin sur le toit et contribue aux délicieux tea-cakes et confitures maison servis au petit déjeuner.

L'heureux bénéficiaire de cette solidarité familiale est incontestablement le client. S'installer au Regents Court, c'est comme être invité par une famille qui met à votre disposition, pour la durée de votre séjour, l'appartement du fils architecte (mais vous n'aurez pas à faire le lit) et vous abandonne son prodigieux toit-terrasse chaque fois que vous voulez recevoir des amis (mais vous ne ferez pas la vaisselle). Voilà pourquoi cet élégant petit hôtel, pourtant très confidentiel, est devenu l'adresse favorite des artistes, chanteurs d'opéra et autres bons vivants internationaux.

Adresse : Regents Court, 18 Springfield avenue, Potts Point, Sydney 2011, Australie

Téléphone : (61) 2 9358 15 33 - **Fax** : (61) 2 9358 18 33

Chambres : à partir de 165 AU$

Le Triest

Le Triest est un délicieux intermède viennois. Ville des chevaux dansants, des cafés *gemütlich*, de la *Sacher Torte* et de Mozart, Vienne est, plus que toute autre, ancrée dans l'histoire. Contrairement à leurs voisins italiens, les Autrichiens ne se délestent pas du poids de l'histoire dans un haussement d'épaule. En Europe de l'Est, cet héritage est pris très au sérieux. Siège de la dynastie des Habsbourg, à la frontière de l'est et de l'ouest de l'Europe, Vienne a joué un rôle significatif dans tous les événements qui sont à l'origine du monde moderne. Depuis sa victoire sur les Ottomans – qui assaillirent la ville aux XVIe et XVIIe siècles – jusqu'à son rôle capital dans l'éclatement de la Première Guerre mondiale, Vienne a été mêlée à tout. Et cela se voit. Pas un coin, pas une place, un parc ou une avenue qui n'ait sa statue commémorative, son buste ou sa fontaine.

C'est bien pourquoi cet hôtel est si agréable à Vienne. Au Triest, tout est léger et bon enfant – à l'opposé du traditionnel costume tyrolien (celui que porte toute la famille Trapp dans *The Sound of Music* et qu'on trouve dans presque toutes les boutiques de « mode »). Au Triest, ce fardeau chargé d'histoire est négligemment jeté sur une chaise design .

En fait, cet hôtel est une conséquence indirecte de la chute du mur de Berlin. Il y a dix ans, Vienne fut brusquement considérée sous un autre angle. De dernière ville avant les terres opprimées et politiquement lointaine des pays de l'Est, elle devint, pour ses voisins libérés, la ville la plus proche et la mieux placée d'Europe de l'Ouest. Avec l'écroulement du régime communisme, la tradition des Habsbourg, opérant comme un véritable révélateur, devint à la mode, et Vienne apparut comme un tremplin pour les marchés émergeants de Hongrie, de Slovaquie, de Pologne et de République tchèque. C'est dans ce contexte dynamique que le Dr Alexander Maculan prit conscience que, pour se développer, l'économie viennoise avait besoin d'un hôtel à la hauteur d'une clientèle élégante et civilisée. Si Vienne voulait devenir le pôle créatif de l'Europe de l'Est, elle devait attirer des metteurs en scène, des publicitaires, des photographes ou encore des stylistes. Il fallait d'urgence un lieu pour les accueillir.

Les associés se chamaillèrent d'abord à propos du style à donner à l'hôtel : ce qu'on leur suggérait était soit trop austère, soit trop branché. L'inspiration leur vint le soir où, dînant au Quaglino de Londres, ils découvrirent les espaces imaginés par Terence Conran. Ils décidèrent aussitôt de l'inviter à Vienne pour qu'il applique sa recette chez eux. Et Conran donna exactement à leur hôtel le style qu'ils désiraient : moderne mais sans rien

La cheminée du salon du Triest est particulièrement réconfortante pendant le froid hiver de Vienne.

Au restaurant, qui donne sur la cour, les plats proposent une cuisine traditionnelle modernisée

Lieu de rendez-vous très couru le soir, le bar recrée l'intimité « cuir et lumière tamisée » d'un wagon privé.

Lin blanc et merisier caractérisent le décor chaleureux mais très contemporain des chambres.

Pur échantillon du design de Terence Conran : le bureau du concierge dans le hall noir et blanc.

Un splendide et monumental escalier s'élève du hall vers les sept étages de l'hôtel.

Le Triest

d'agressif. Des meubles chaleureux en merisier, recouverts de tissu de couleurs vives – bleu, rouge, jaune et vert – répondent en contrepoint à des kilomètres de murs blancs, créant un agréable sentiment de confort.

Le Triest n'a pourtant pas tourné le dos à l'histoire. Construite au milieu du XVIIe siècle sous l'empire des Habsbourg, cette auberge-relais, située juste hors les murs de la ville, était utilisée pour les valets de pied et les chevaux de la poste royale en route pour Trieste (d'où le nom de l'hôtel), le seul port de mer appartenant alors à l'Autriche. Le salon a conservé le plafond voûté des écuries royales. Le hall est divisé en plusieurs compartiments par des cloisons dorées qui permettent de préserver l'intimité des conversations. Le restaurant, quant à lui, est une longue pièce rectangulaire avec vue sur le jardin intérieur. La même idée, qui a permis à la décoration de l'hôtel de « transfigurer » l'architecture du bâtiment, a été appliquée à la carte du restaurant : elle offre une version allégée et revisitée de la tradition viennoise.

L'hommage rendu à la glorieuse histoire de Vienne se poursuit avec les clichés en noir et blanc de la photographe viennoise Christine de Grancy, accrochés dans tout l'hôtel. Pris sur les toits, ils montrent les bustes et des statues de la ville – introduction parfaite aux merveilles architecturales de Vienne. Le Triest est on-ne-peut-mieux situé pour les apprécier. La terrasse du dernier étage offre une vue panoramique sur les monuments de la ville, en particulier sur le spectaculaire toit en tuiles vernissées de la cathédrale gothique St-Stephan.

Si, après une journée bien remplie, vous êtes las du spectacle des trésors de la ville, vous pouvez toujours vous tourner vers celui qui se déroule sur la scène de l'hôtel. Le soir, le Triest s'anime vraiment. À en croire les propos de Ian Schrager : « Les hôtels sont les night-clubs des années quatre-vingt-dix. » Tout Vienne paraît se retrouver là, se déversant du bar au restaurant, avec un rituel très semblable à celui de ces réceptions où l'on se bouscule pour entrer. Mais, en tant que client de l'hôtel, vous y êtes cordialement convié.

Adresse : Le Triest, Wiedner Hauptstrasse 12, 10040 Vienne, Autriche
Téléphone : (43) 1589 18 0 - **Fax** : (43) 1589 18 18
Chambres : à partir de 2 100 AS ou 153 € (suites à partir de 6 400 AS ou 465 €)

Widder hotel

Rennweg est une petite rue pittoresque qui se trouve au cœur de Zurich, juste derrière la fameuse Bahnhofstrasse. Comme il se doit en Suisse - elle est truffée de boutiques, de restaurants, de pâtisseries délicieuses et de chocolatiers. Et c'est seulement après avoir dépassé un magasin de cartes postales, avec sa façade du XVIIe siècle, que l'on prend soudain conscience d'avoir raté l'entrée du Widder, le plus célèbre des nouveaux hôtels de Zurich. Localisation très inattendue pour un hôtel cinq étoiles situé au centre d'une grande ville, suisse de surcroît. Mais le Widder ne ressemble à aucun autre hôtel. Ce n'est pas seulement l'entrée qui se cache dans cette charmante petite rue commerçante, c'est tout l'hôtel qui se dissimule au cœur d'un ensemble de maisons remontant pour certaines aux XIe et XIIe siècles. De la rue, l'hôtel demeure invisible.

En fait, le Widder Hotel est un assemblage de dix maisons classées monuments historiques, les premières dans Rennweg et les dernières, une fois tourné le coin de la rue, dans Augustinerstrasse. À l'origine, il s'agissait de maisons indépendantes les unes des autres, qui furent la propriété de guildes féodales. Elles furent toutes achetées en 1970, à titre d'investissement, par l'Union des Banques Suisses. Face à cet ensemble d'une importance historique considérable, un comité de conservation du patrimoine, spécialement créé, finit par confier à l'architecte Tilla Theuss la tâche de faire de toutes ces maisons un seul hôtel. Et quelle tâche !

Ce ne fut pas une sinécure. Difficile d'imaginer plus longue course d'obstacles bureaucratiques. Pour commencer, tous les membres du conseil municipal n'étaient pas convaincus qu'il s'agissait là d'une bonne idée (ça vous étonne ?) et l'affaire se compliqua encore lorsque, en commençant les travaux, on mit au jour des fresques du XVIe siècle, des pavements en galets, des plafonds peints ainsi qu'un mur d'une ancienne fortification datant du XIIe siècle. Il fallait non seulement introduire ces découvertes archéologiques dans le plan de rénovation, mais travailler au ralenti de crainte d'endommager d'autres trésors encore enfouis. Ajoutez à cela qu'il fallait trouver le moyen de réunir dix maisons en une seule unité sans altérer la structure individuelle de chacune, et vous comprendrez que cet ambitieux projet ait pris plus de dix ans à se réaliser.

En fin de compte, Tilla Theuss a laissé l'histoire de chacune des maisons décider du style qu'elle aurait. L'Augustiner, par exemple, est décorée en Biedermeier, tandis que la Pferch l'est en baroque du XVIIe, etc.
Le résultat ? Une étonnante variété de styles architecturaux et décoratifs qui, ajoutés à la

Une chambre de style Biedermeier dans l'Augustiner, l'une des dix maisons qui composent l'hôtel.

Des antiquités régionales peintes se marient partout avec les « classiques » modernes.

La mezzanine se donne des airs de loft, surprenant de modernité dans une maison du XVIIe siècle.

Peintures murales découvertes par hasard à l'occasion des travaux de construction.

Dans le bar du hall : fauteuils Eames, cheminée contemporaine, sol de mosaïque et mur en pierre.

Poêle Biedermeier en céramique, un des trésors historiques qui ont été sauvés lors de la rénovation.

La terrasse attenante au hall est une agréable surprise en été, en plein cœur du vieux Zurich.

Une peinture murale du XVIe siècle contraste avec l'ameublement moderne de la maison Augustiner.

Situé dans une petite rue commerçante du centre, impossible, de l'extérieur, de deviner qu'il s'agit d'un hôtel.

Les poutres peintes de la salle à manger privée du Widder sont authentiques et datent du XVIe siècle.

Petit déjeuner servi dans l'atrium high-tech, dont le toit de verre s'ouvre en été.

Certains fragments des peintures murales retrouvées remontent au XVIIe siècle.

Les chambres en duplex de la maison Pfeife affichent une modernité sans faille.

On découvre, jusque dans les salles de réunion du Widder, des témoignages de ses dix années de rénovation.

Les panneaux foncés et les tons sombres des meubles conviennent bien au style de la maison Pferch.

La découverte toujours possible d'autres fresques historiques a ralenti la rénovation.

Le Widder Bar, au sous-sol, est l'un des clubs de jazz les plus « hot » de Zurich.

Cette vue, avec le lac de Zurich en toile de fond, est celle que l'on a depuis la terrasse de la maison Widderzunft.

Widder hotel

complexité des communications entre les dix maisons, composent un véritable labyrinthe. Chaque couloir, chaque escalier conduit à une pièce ou à un espace inattendu, créé dans un esprit ou un style architectural différent. Il y a des couloirs et des escaliers absolument partout, au point qu'il est très difficile de retrouver son chemin dans ce dédale. Même après avoir étudié le plan de près, je n'y suis pas parvenu. Mais c'est un véritable enchantement. Tous ces coins et recoins évoquent des souvenirs d'enfance, de jeux dans les greniers ; le plaisir, c'est justement de ne pas savoir ce que vous allez trouver. Ici, tous ceux qui adorent les surprises et détestent ce qui est prévisible seront comblés.

Même remarque pour les *aficionados* du design. Cet hôtel est un paradis pour les amoureux des meubles. Ils trouveront quelque part dans l'hôtel au moins une pièce célèbre signée de chacun des plus grands noms du design et de l'architecture : Le Corbusier, Mies Van der Rohe, Adolf Loos, Charles et Ray Eames, Eileen Gray, Josef Hoffmann, Frank Lloyd Wright, Mario Bellini, Harry Bertoia… la liste n'est pas exhaustive. Ce festin de modernes devenus de grands classiques crée dans hôtel des liens admirables entre des époques et des héritages culturels fort divers.

Inutile de dire que les quarante-neuf chambres et les sept suites du Widder hotel sont toutes totalement différentes. Idéalement, vous devriez pouvoir choisir celle dont le style vous séduit le plus. En réalité, le Widder est beaucoup trop couru pour que cela soit possible. Il faut donc s'en remettre au bon vieux principe de la fortune du pot… qui, d'ailleurs, fonctionne merveilleusement bien. C'est parfois l'occasion pour le client d'être confronté à un style qui défie ses idées et certaines opinions préconçues.

Si vous pensez que cet établissement vous propose une expérience trop aventureuse, compliquée, imprévisible… autrement dit très peu suisse, rassurez-vous ! Le Widder hotel a gagné durement ses cinq étoiles, grâce à un service typiquement suisse… autrement dit, irréprochable.

Adresse : Widder Hotel, Rennweg 7, 8001 Zurich, Suisse
Téléphone : (41) 1 224 25 26 - **Fax** : (41) 1 224 24 24
Chambres : à partir de 370 FS (suites à partir de 780 FS)

Crédits photographiques
Toutes les photographies sont de Herbert Ypma, à l'exception de celles des hôtels Sukhothaï, Peninsula, Blakes, Hempel, Prince of Wales, Regents Court et Widder Hotel, qui ont été fournies par ces établissements.

Édition française : Odile Perrard
Traduction : Josée Bégaud et Janine Lévy, avec Fabienne Garcher et Fella Saïdi-Tournoux
Mise en page : Stephan Lencot